PMP
考试轻松通关
②
精华概念与模拟题

陈海滢 徐可意 编著

机械工业出版社
CHINA MACHINE PRESS

本书从 PMP 考试涉及的大量知识中筛选出了 76 组考查频次高、现实应用价值高的精华概念，并按照应用情景的相似性，将其归入 11 个知识领域进行深入解析；还从海量题库中精选了近 400 道高质量模拟题并给出了完整清晰的解析思路，旨在将概念置于实际场景中进行解读和分析，利于读者充分掌握并学以致用。为了适应新考纲和新题型带来的变化，本书专门强化了敏捷项目管理的内容，并且增加了多选题。

本书在内容选取、结构设计和题目编排上做了多处创新，致力于解决《项目管理知识体系指南》概念繁杂、表达抽象的问题，实现 PMP 学习的敏捷化、情景化和实战化，从而帮助读者快速把握项目管理的精髓，掌握 PMP 考试的底层逻辑，稳妥高效地通过考试。

本书与姊妹篇《PMP 考试轻松通关 1：高频情景与模拟题》相辅相成，适合互相对照学习。

图书在版编目（CIP）数据

PMP 考试轻松通关. 2，精华概念与模拟题 / 陈海滢，徐可意编著.
— 北京：机械工业出版社，2022.8
ISBN 978-7-111-71220-6

Ⅰ.①P… Ⅱ.①陈… ②徐… Ⅲ.①项目管理 – 资格考试 – 习题集 Ⅳ.①F224.5-44

中国版本图书馆CIP数据核字（2022）第126215号

机械工业出版社（北京市百万庄大街22号　邮政编码100037）
策划编辑：朱鹤楼　　　　　　责任编辑：朱鹤楼
责任校对：潘　蕊　李　婷　　责任印制：李　昂
北京联兴盛业印刷股份有限公司印刷

2022年9月第1版第1次印刷
169mm×239mm・17.5印张・1插页・240千字
标准书号：ISBN 978-7-111-71220-6
定价：79.00元

电话服务　　　　　　　　　网络服务
客服电话：010-88361066　　机　工　官　网：www.cmpbook.com
　　　　　010-88379833　　机　工　官　博：weibo.com/cmp1952
　　　　　010-68326294　　金　书　网：www.golden-book.com
封底无防伪标均为盗版　　　机工教育服务网：www.cmpedu.com

前言

项目管理的本质是什么？一言以蔽之，**项目管理就是在约束条件下解决实际问题**。

为了在时间、成本、环境和资源等各种因素的制约下更好地产出成果并创造价值，人们选择使用项目这种综合、临时、渐进明细的方式开展工作，并且为此开发了一整套思维方式、工作流程和工具方法。这套知识体系是人类智慧的结晶，PMI 的《项目管理知识体系指南》（以下简称《指南》）就是对其系统性的总结提炼，而 PMP 认证则是个人项目管理能力的有力证明。

越来越多的朋友选择在职业生涯早期就开始学习项目管理并获取 PMP 认证，这是非常正确的，项目已经成为很多组织业务运行的常见方式和资源分配的基本逻辑。掌握项目管理技能，有助于人们高效完成任务，在组织中建立影响力，并且大大拓宽自己的职业发展路径。

在多年的研究、咨询和教学过程中，我们还深刻体会到，项目管理技能具有很强的通识性，它不仅能应用于九天揽月的大型工程，也完全可以用来指导日常管理和个人生活——组织一次活动、安排一项工作、装修一套房子、准备一顿家宴……这些大大小小的任务，只要是在约束条件下解决问题，就可以应用项目管理的思维方式加以梳理和优化，其效果将完全不同。

让项目管理服务更广泛的人群，提升每个人的工作和生活效能，是我们的心愿。本书将是一系列工作的开始，虽然它主要面向 PMP 考试的参与者，但其中分析和解决问题的思维方式具有通识性，兼具考试以外的实战意义。此后，我们将沿着项目管理通识化的道路不断前行，为大家带来更多的内容。

感谢各位亲人、师长和朋友一直以来对我们毫无保留的帮助和支持；感谢中国国际人才交流基金会（原国家外国专家局）、PMI 和其他机构的各位领导、专家关于本书内容给予的悉心指导；还要感谢以往所有参与我们 PMP 课程的学员们，"教学相长"，授课答疑并不是单方向的输出，大家在课程中的互动给了我们很多启发。

在本书的酝酿和积累过程中，我们的女儿小橄榄诞生了，她是我们生命中最珍贵的礼物。随着本书内容的逐渐成形，小橄榄也从蹒跚学步到蹦蹦跳跳，迈出了自己的人生步伐，本书的出版也作为我们赠予她的礼物。

陈海滢　徐可意
2021 年 12 月于北京

导言

如何使用本书高效学通 PMP

本书是《PMP 考试轻松通关 1：高频情景与模拟题》（以下简称《情景模拟》）的姊妹篇。《情景模拟》旨在为大家搭建起学习 PMP 的整体思维架构，本书则利用概念对架构进行多个角度的横纵支撑；二者相辅相成，适合对照学习。

PMP 学习的一大障碍就在于概念繁杂、表达抽象，不易理解和应用。本书从大量概念中筛选出现实应用价值较高和考试反复出现的精华概念，再通过高质量的题目将概念置于实际场景中进行解析，这样更有利于大家充分掌握并学以致用。

在本书的内容和结构设计上，我们不断尝试、反复推敲，希望帮助大家实现学习方式的三种进化，告别死记硬背与题海战术。

一、在内容选取上，希望帮助大家实现学习的敏捷化

《指南》涵盖的概念数量众多，但使用和考查的频率差距极大；本书并不追求面面俱到，而是贯彻敏捷的思维方式，通过价值排序选取了其中最重要的内容。

在时间有限的情况下，大家也应该贯彻敏捷的思维方式，即可以把本书

当作通过PMP考试的"待办列表",优先挑选高价值模块进行学习。内容的学习优先级已经用★标注在小节标题后,★★代表在考查中多次出现,必须重点关注;★则代表经常出现,应该给予较高关注。

二、在结构设计上,希望帮助大家实现学习的情景化

《指南》主要依据逻辑的相似性对概念进行分组,如数据收集—数据分析—数据表现。这样处理固然有结构严整的优点,但缺点也很明显:划分在相同组内的概念,其应用领域和情景可能天差地别,会给理解造成障碍。

本书在结构设计上并没有沿用《指南》的分组方式,而是按照应用情景方面的相似性,将每个工具划入其最常用的领域。例如,"审计"这个工具在质量、风险和采购领域都会用到,本书将其放入最有代表性的质量领域;"头脑风暴"这个工具在收集需求、识别风险等多处都会用到,本书将其放入最为常用的需求与范围领域。在每个领域内,概念的呈现顺序也尽可能遵循实际工作的开展流程,如风险领域按照识别—分析—应对的顺序排列,这样更有利于大家与实际工作情景建立联系,并且前后衔接,真正理解和应用这些概念。

近年来,PMP考试越来越强调将答题者置于现实项目中,本书虽然从概念入手,但仍然尽可能从情景出发,对概念及其应用进行解读;在与《情景模拟》总结的典型情景相呼应的章节,本书也直接给出了对照学习的建议。

这种按照领域进行归类的方式,在逻辑上未必百分之百严谨,但更有利于掌握和应用。归根结底,项目管理是实践性非常强的学科,不像数理学科一样讲求定义的严谨精细,学习概念的最终目的还是服务于应用。

三、在题目编排上,希望帮助大家实现学习的实战化

多年的教学实践告诉我们,用实战题目加深对概念的理解是非常高效的方式。因此,我们努力披沙拣金,从积累的数万道题目资源中精选了近400道模拟题,帮助大家在实战中掌握概念并熟悉PMP的考查方式。为了适应新考纲和新题型,本书专门强化了敏捷项目管理的内容,并且增加了多选题。

题目贵精而不贵多，比起去刷成千道题，更高效的方式是将精华题目吃透。对于题目的解析，我们历来不推荐翻《指南》查概念寻章摘句的方式，而是努力从实际情景出发，帮助大家建立起分析问题和寻找解决方案的通用思路。本书与《情景模拟》的题目大约存在 8% 的重合，但解析的侧重点不同，并无妨碍。

"问渠那得清如许？为有源头活水来。"希望本书能使大家在知识和理念上有所收获，我们愿意做大家的"源头活水"，持续贡献有价值的认知。

在阅读过程中，大家需要注意：

1）为使阅读方便，本书在文中使用如下简称，并省略掉注册商标®标志。

- PMI® 为 Project Management Institute，项目管理协会。
- PMP® 为 Project Management Professional，项目管理专业人士。
- PMBOK® 为 Project Management Body of Knowledge，项目管理知识体系。
- 《指南》为《PMBOK® 指南》(《项目管理知识体系指南》，无特殊说明，均指第六版《指南》)。

2）本书中的"概念"泛指《指南》涵盖的各种知识单元，包括项目管理的各种计划、文件、方法、工具与技术等，不再详细划分类别。

本书将一些相互之间有关联的概念合并为一小节进行解析，并根据其逻辑关系的不同，采用不同的标题呈现方式。

- A 与 B：A 和 B 是独立但有联系的两个概念，放在一起介绍更有利于理解，如"商业论证与效益管理计划""文化意识与政治意识"。
- A/B：A 和 B 是同一个概念的不同名称，如"因果图/鱼骨图/石川图"；或者在《指南》中基本被视为同一个工具，如"敏感性分析/龙卷风图"。
- A-B：概念 B 是概念 A 的一种常见形式，如"职责分配矩阵-RACI

矩阵""层级图－气泡图"。

3）本书的例题来自互联网和作者编写，用于帮助大家巩固思维方式，不代表考试内容。所提供的答案代表我们一家之言，仅供参考。为了帮助大家更加贴近真实的考试环境（试题为中英文对照），我们在例题中保留了与试题风格一致的翻译习惯，有些词语和句式的用法与中文未必完全相同，请大家留意。

欢迎大家与我们讨论，或者分享自己的看法。我们的联系邮箱为：Chenhaiying@88.com。

前言

导言　如何使用本书高效学通 PMP

第 1 章　概论与整合领域 ...001

1.1　项目与运营 ...001

1.2　项目集与项目组合 ★ ...005

1.3　项目运行环境 ...011

1.4　组织结构类型 ★ ...014

1.5　商业论证与效益管理计划 ★ ...018

1.6　项目生命周期与阶段 ★ ...022

1.7　项目管理过程和过程组 ...025

1.8　开发方法 ★★ ...030

1.9　项目章程 ★★ ...035

1.10　项目管理计划 ★★ ...040

第 2 章　需求与范围领域 ...045

2.1　访谈 ...045

2.2　焦点小组 ...046

2.3　需求跟踪矩阵 ★★ ...047

2.4　标杆对照 ...051
2.5　观察和交谈 ...053
2.6　原型法 ★ ...054
2.7　问卷调查 ...056
2.8　范围说明书 ★ ...058
2.9　工作分解结构（WBS）★ ...062

第 3 章　进度领域 ...067

3.1　活动排序方法 ...067
3.2　关键路径法 ★★ ...071
3.3　进度压缩 ★★ ...076
3.4　资源优化 ★ ...079
3.5　滚动式规划 ...082

第 4 章　成本领域 ...084

4.1　估算与专家判断 ★★ ...084
4.2　挣值分析 ★★ ...092
4.3　储备分析 ...103

第 5 章　质量领域 ...108

5.1　根本原因分析 ...108
5.2　因果图/鱼骨图/石川图 ★ ...111
5.3　直方图 ...114
5.4　帕累托图/主次图/排列图 ★ ...115
5.5　控制图 ...119
5.6　散点图 ...123
5.7　核对单 ...125
5.8　质量成本 ★★ ...128
5.9　审计 ★★ ...132
5.10　PDCA 与六西格玛 ...136

第 6 章　资源与团队领域 ...139

6.1　职责分配矩阵 –RACI 矩阵★★ ...139

6.2　资源日历★ ...143

6.3　团队章程与基本规则★★ ...145

6.4　培训 ...148

6.5　集中办公 ...151

6.6　虚拟团队★★ ...153

6.7　冲突管理★★ ...156

6.8　团队发展阶段模型★ ...162

6.9　团队建设 ...168

第 7 章　沟通领域 ...170

7.1　沟通方式★ ...170

7.2　沟通渠道 ...175

7.3　会议管理 ...177

7.4　文化意识与政治意识 ...179

7.5　引导★ ...181

第 8 章　相关方领域 ...185

8.1　相关方分析★ ...185

8.2　权力 / 利益方格★ ...189

8.3　凸显模型 ...194

8.4　相关方参与度评估矩阵★ ...197

第 9 章　风险领域 ...200

9.1　SWOT 分析 ...200

9.2　概率和影响矩阵★ ...201

9.3　层级图 – 气泡图 ...204

9.4　敏感性分析 / 龙卷风图 ...206

9.5　蒙特卡洛模拟 ...208
9.6　预期货币价值 ...210
9.7　决策树 ...211
9.8　风险应对策略★★ ...213

第 10 章　采购领域 ...223

10.1　工作说明书与工作大纲★ ...223
10.2　合同类型★★ ...227
10.3　自制或外购分析 ...237
10.4　独立成本估算 ...238
10.5　投标人会议 ...240

第 11 章　敏捷领域 ...243

11.1　用户故事与待办列表★★ ...243
11.2　冲刺/迭代与评审会★ ...246
11.3　每日站会★★ ...250
11.4　冲刺回顾会★★ ...254
11.5　迭代燃尽图/迭代燃起图 ...257
11.6　信息发射源★ ...259
11.7　看板方法和看板面板★★ ...262
11.8　完成的定义★ ...266

第1章
概论与整合领域

1.1 项目与运营

1. 应用解析

《指南》把项目（Project）定义为"为创造独特的可交付成果而进行的临时性工作"，突出了项目的临时性和独特性这两个特点。

临时性指项目要有始有终，即有明确的开始时间和结束时间；项目经理的权限有始有终；项目对团队和其他资源并不会一直占用。独特性指每个项目都在开展机会、环境、需求、可交付成果和资源等方面有着自身的特点，即使与此前的项目有相似或者重复的部分，项目团队也要高度重视，识别其独特之处。

《指南》将性质上与项目相对的工作称为运营（Operation），运营不强调有始有终，而强调持续性，关注的是产品的持续生产或者服务的持续运作。运营的独特性也较弱，强调的是在重复性的活动中实现高效率。

项目与运营虽然性质迥异，但同样服务于组织的目标。

关于项目与运营的关系，在《指南》和考查中默认的情况是：

1）项目产出的可交付成果，在验收合格后要移交给成果的使用者——外部的客户或内部的运营部门。运营部门负责持续且有效地应用项目形成的生产服务能力，为组织创造效益。

2）对于已经移交给运营部门的成果，项目经理将不再是负责人；如果成果出现问题，应该由运营经理牵头解决。

3）项目与运营会在产品生命周期的不同时点交叉，如新产品开发、流程改进、产品生命周期结束、项目收尾等。在每个交叉点，项目经理的任务都是确保可交付成果和知识在项目与运营之间转移，以便完成工作交接。

2. 经典例题

例题 1.1 以下哪项属于运营的一部分？

A. 会计业务　　　　　　B. 调整现有运营系统

C. 产品更新换代　　　　D. 服务流程再造

【思路解析】会计业务强调持续性，而不强调有始有终，因此属于运营工作。其他选项都属于具有较强临时性、独特性的项目工作。

【参考答案】A

例题 1.2 每个组织都为实现某些目标而从事某些项目与运营工作。下列关于项目与运营的说法，不正确的是：

A. 项目和运营都受制于有限的资源

B. 运营是持续不断和重复进行的，而项目是临时性的、独特的

C. 项目与运营都需要被规划、执行和控制

D. 运营是项目生命周期收尾阶段的重要工作之一

【思路解析】运营不属于项目工作，当然也就不属于项目生命周期的收尾阶段。在收尾时，项目形成的可交付成果和知识要转移给运营。

【参考答案】D

例题 1.3 关于项目和运营，以下哪个表述是不正确的？

A. 持续运营不属于项目的范畴

B. 项目和运营可能存在交叉

C. 项目专注于成果交付，运营聚焦在实现商业价值

D. 项目和运营是截然分开的两个阶段

【思路解析】项目和运营不是一类工作，不能混淆，但它们相辅相成，而且可能在时间上存在交叉并行的情况，因此选项 D 的"截然分开"是不正确的。

【参考答案】D

例题 1.4 一条生产线的建设项目已经完成并成功收尾。一个月后，一个部件出现缺陷。谁应该负责纠正这个缺陷？

A. 项目经理　　　　　　　B. 项目团队

C. 项目发起人　　　　　　D. 运营部门

【思路解析】"成功收尾"意味着成果的验收和移交都已经完成，生产线已经移交给运营部门进行使用了，这表明管理权责已经发生转移。因此，对故障部件进行维修处理应该由运营部门负责，项目经理可以为此提供意见和支持，但并不应是负责人。

【参考答案】D

例题 1.5 开发完成的可交付成果在转移给运营团队之前，项目经理发现还有三个可交付成果未完成，项目经理下一步应该做什么？

A. 在转移可交付成果之前完成其他三个可交付成果

B. 在其他三个可交付成果未完成的情况下让运营团队接受转移

C. 转移给运营团队，让运营团队完成剩下的可交付成果

D. 请求项目发起人做出决定

【思路解析】按约定完成可交付成果并获得验收是项目经理的责任。在移交前发现可交付成果尚未完成，项目经理当然不能将项目收尾，必须先完成全部可交付成果，再经过验收，才能将项目移交给运营团队。

注意，PMI 非常强调权责分明，运营团队也不能越俎代庖来代为开发尚未完成的可交付成果。

【参考答案】A

例题 1.6

一个项目已经结束，新系统已正式上线并完成了所有的验收程序。客户要求项目经理调查系统用户流失率高的原因并及时解决。项目经理发现是运营团队不熟悉新系统而导致服务用户的响应慢造成的，项目经理应进行哪一项？

A. 要求项目团队评估根本原因，纠正问题并记录经验教训

B. 审查收尾文件，确认已按合同要求完成了知识转移工作，将结果报告给客户

C. 将客户的投诉上报给项目发起人，分配资源解决该问题

D. 审查风险管理计划，确定是否提前识别和规划该问题

【思路解析】已经结束的项目在运营期间发现问题，原因是运营团队不熟悉新系统。首先要注意，既然项目已经结束，权责顺利转移，来牵头解决这个问题的就不应该再是项目经理而是运营经理。

A "要求项目团队评估根本原因，纠正问题并记录经验教训"，是在项目过程中发现问题的处理方法，但现在项目已经结束，项目团队不应再承担这些工作。实际上，此时项目团队已经解散，项目经理也不再对团队成员拥有调配权力了。

选项 B 是较好的方式，项目经理无法对后续运营团队的绩效负责，只能审查自己权责范围内的工作是否完成。 项目经理在此事上的责任，就是在移交产品的同时也完成相应技术文件的移交，从而把项目知识转移给运营团队。因此，应该审查收尾文件，确认已按合同要求完成了知识转移工作，将结果报告给客户。

选项 C 和选项 D 的态度仍然是项目经理主动介入去处理这个问题。现在项目已经结束了，团队已经释放，这些工作是不需要再做的。

【参考答案】B

例题 1.7

维护和连续运营对项目至关重要：

A. 应该作为项目生命周期收尾阶段的一项活动

B. 生命周期成本的一大部分用于维护和运营，因此维护和运营应该

作为项目生命周期中一个单独的阶段

C. 但不应看作项目的一部分

D. 所以应该看作整个项目中的一个子项目

【思路解析】运营不属于项目工作的一部分，自然也不是子项目或者项目的阶段之一。

【参考答案】C

1.2 项目集与项目组合 ★

1. 应用解析

一个项目可以采用三种不同的模式进行管理：作为一个独立项目、纳入一个项目集或纳入一个项目组合。

（1）项目集（Program）：一组相互关联，又能够互相协调管理的项目。

项目集中包含的项目之间是相互关联的。虽然每个项目都要交付各自的成果，但是如果能将不同项目的成果和项目工作进行有效协调，就会形成显著的增量收益，实现"1+1 > 2"，因此有对其进行归并管理的价值。

如下图，一个商业综合体的建设包含"楼宇建设""交通衔接""绿化美化"等多个项目，每个项目都会产出各自的成果，而这些成果要服务于共同的整体效益。因此，将商业综合体的整体建设视为项目集，有助于人们在项

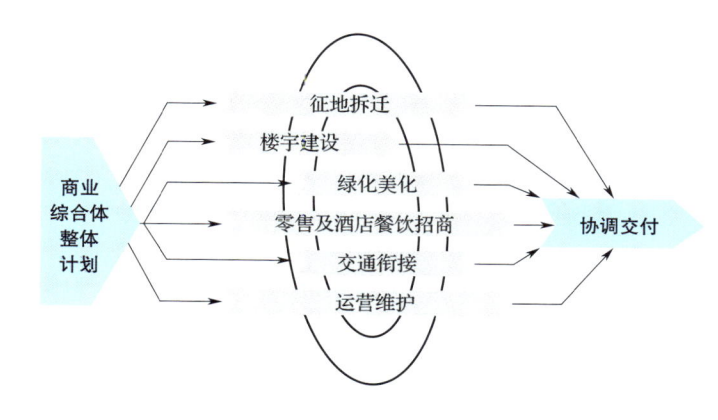

目之间进行协调管理，并且会带来更大的收益。

项目集的管理重点是各个项目之间的依赖关系，目的是实现单独管理各个项目时所无法达成的效益。其考查要点如下：

- 项目之间存在联系。
- 不改变单个项目的目标。
- 不管理项目的优先顺序，即不改变各个项目的资源分配。
- 管理项目之间的相互联系。
- 通过有效配合取得更大的效益。

需要说明的是，**项目集并不是大项目**。一个体量庞大、周期较长的项目，如果只交付一个成果，仍然应使用项目管理而非项目集管理的思维方式。

（2）项目组合（Portfolio）：为实现组织战略目标而组合在一起管理的项目、项目集和运营工作。

项目组合中的项目之间不一定存在依赖关系，但可能共享资源；将它们组合在一起是为了更好地分配资源以实现组织的战略。例如，一个企业有多条产品线，分别服务不同的用户，这几条产品线的开发项目就适合纳入同一个项目组合进行管理。

项目组合直接服务于组织战略，并为了实现战略目标而进行资源分配。对于和组织战略目标关系比较密切的项目，组织应优先分配资源；对于关系不密切的项目，组织应减少资源、抽调资源，甚至可以暂停或取消项目。其考查要点如下：

- 项目之间未必相关（如仅限于共享顾主、供应商、技术或资源）。
- 确保项目组合与组织战略协调一致。
- 确定资源分配的优先顺序。

从项目到项目集再到项目组合，管理的层次逐渐提升，与组织战略的关系越来越直接和密切。

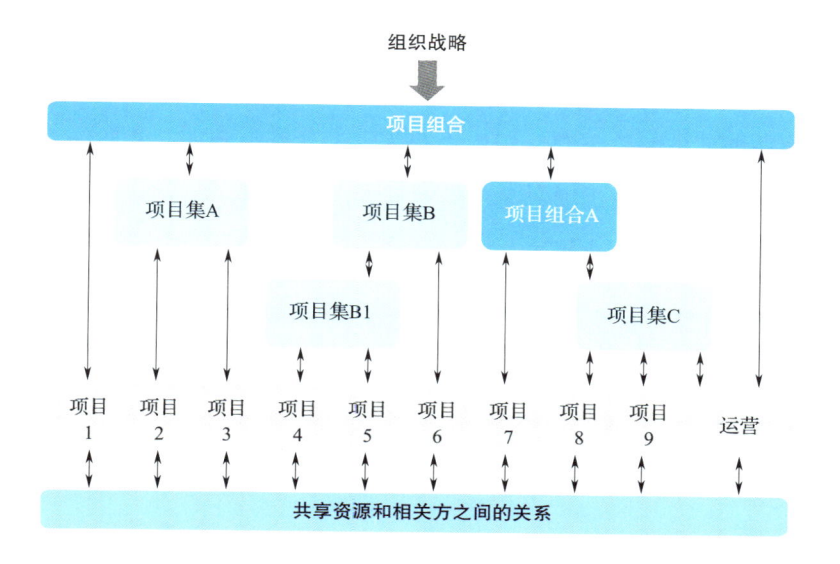

```
                    组织战略
                      ↓
                   项目组合
   ↕       ↕       ↕       ↕       ↕
       项目集A    项目集B    项目组合A
                ↕       ↕       ↕
              项目集B1           项目集C
   ↕   ↕   ↕   ↕   ↕   ↕   ↕   ↕   ↕   ↕
  项目 项目 项目 项目 项目 项目 项目 项目 项目  运营
   1   2   3   4   5   6   7   8   9
   ↕   ↕   ↕   ↕   ↕   ↕   ↕   ↕   ↕   ↕
        共享资源和相关方之间的关系
```

2. 经典例题

例题 1.8 项目集是：

A. 持续较长时间的一系列相关任务的组合

B. 一组相互关联且被协调管理的项目

C. 建设费用超过 1 亿美元的大项目

D. 用于归集各项目的名词，以便每个项目都隶属于某个项目集

【思路解析】项目集是一组相互关联且进行协调管理的项目。它和项目的区别并不是规模大，也不是周期长，而是项目集中多个项目的成果协调起来可以产生增量效益。

同时，项目完全可以独立管理，未必要隶属于某一个项目集或项目组合。

【参考答案】B

例题 1.9 项目集管理通过以下哪个具体的管理措施来关注项目间的依赖关系？

A. 审查项目并确定项目之间的资源分配优先顺序

B. 特别关注各项目所共享的资源

C. 处理同一个治理结构内的相关问题和变更管理

D. 及时剔除不合理的项目，并补充新项目

【思路解析】管理项目集中的项目之间依赖关系的方式是协调处理相关的问题和变更，从而交付增量效益。

其他选项列出的给资源分配优先顺序、关注共享资源、剔除不合格的项目并补充新项目，都属于项目组合的管理方法。

【参考答案】C

例题 1.10 项目组合管理的主要目标是：
A. 正确地完成某个项目
B. 正确地完成一系列相互关联的项目
C. 选择一系列正确的且不一定相互关联的项目，并排定资源分配的优先顺序
D. 选择一系列正确的且相互关联的项目，并排定资源分配的优先顺序

【思路解析】组合管理的目的是让工作方向符合组织战略，所以重在"做正确的事"，即排列优先级，把资源向符合组织战略的项目倾斜。而"正确地做事"侧重于完成既定的工作，是独立项目管理所关心的。

【参考答案】C

例题 1.11 以下哪个关于项目组合的说法是正确的？
A. 各项目因相互之间的直接关联而被放在一个项目组合中
B. 可以从项目组合中剔除现有的项目，也可以向其中增加新项目
C. 同一个项目组合中的项目都能得到一视同仁的对待
D. 一个组织通常只能有一个项目组合

【思路解析】组合管理的项目之间可以无关联，选项 A 应该是项目集的特点。组合管理可以剔除现有项目，也可以增加新项目，选项 B 是正确的。选项 C 恰好相反，组合管理就是要对项目"厚此薄彼"，而不是一视同仁。选项 D 也是错误的，一个组织完全可以有多个项目组合。

【参考答案】B

例题 1.12 在组织战略发生变化之后，以下哪个也要发生变化？

A. 项目范围 B. 项目集范围

C. 项目组合范围 D. 子项目范围

【思路解析】项目组合是直接服务于组织战略的，所以战略一旦发生变化，项目组合的范围肯定要随之变化，而项目集和项目的范围未必产生变化。

【参考答案】C

例题 1.13 某家公司把项目分为 A、B、C 三组。A 组项目将为公司开拓新的业务领域；B 组项目非常成熟，是公司利润的主要来源；C 组项目所处行业正在萎缩。公司给三组项目设定不同的优先级，并按这个优先级分配资源。这是什么管理活动？

A. 项目管理 B. 项目集管理

C. 项目组合管理 D. 项目治理

【思路解析】"设定优先级，并按照优先级分配资源"就是组合管理的典型思维方式，这两项都不是项目集管理需要做的。

在这家公司的资源分配上，C 组项目肯定优先级最低；如果公司的战略思路是开拓，那么 A 组的优先级应高于 B 组；如果公司的战略思路是稳健，那么 B 组的优先级可能更高。这是项目组合管理。

【参考答案】C

例题 1.14 某公司准备研发一款节能汽车，其中包含了许多相互关联的项目。虽然各个项目的整体目标是一致的，但在研发过程中项目与项目之间的冲突非常激烈，这种情况可以通过以下哪种最有效的方式加以避免？

A. 定义产品生命周期和项目生命周期

B. 采用项目组合管理

C. 由一位高级负责人监管所有项目

D. 实施更有效的范围管理

【思路解析】"许多相互关联的项目"这个提示应该按照项目集的方式进行管理。如果将这些项目纳入同一个项目集，就可以更好地协调配合，从而避免项目之间的冲突。"由一位高级负责人监管所有项目"中的"高级负责人"应该就是指项目集经理，他在项目集层面上对多个项目进行监管，通过统一协调实现增量收益。

选项 D 是针对单个项目管理的，不解决项目之间的冲突问题。

【参考答案】C

例题 1.15 公司有几个项目团队经常因为项目之间互相影响而产生矛盾，比如其他项目的任务不能按时完成而造成自己的项目进度延误，尽管项目经理们经常一起开会协调但收效甚微。他们现在最需要以下哪个角色来解决这类问题？

A. 项目组合经理　　　　　　B. 项目集经理
C. PMO 负责人　　　　　　D. 变更控制委员会

【思路解析】一个项目的任务延期会造成另一个项目的进度延误，说明项目之间存在依赖关系。因此，这些项目应该作为项目集来管理，由项目集经理统筹。

【参考答案】B

例题 1.16 项目经理完成项目的风险分析，并将其提交给项目集经理和发起人。在审查分析后，他们变更了一些高风险事项的优先级。项目经理应该做什么？

A. 接受他们的变更
B. 忽略他们的变更
C. 说服他们使用原始优先级
D. 询问项目管理办公室的指示

【思路解析】项目集经理和发起人对项目经理做出的风险分析结论进行了调整，他们是否有权力这样做呢？有的！他们站的层面更高，能看到其他项目的情况和项目之间的联系，所以，他们根据更全面的信息做出的判断对组织更有价值，项目经理应该接受这种调整。

这道题目可以帮我们理解项目集经理和项目经理之间的关系。另外，此处的"变更"应该为"变化"，不需要使用整体变更控制流程。

【参考答案】A

1.3 项目运行环境

1. 应用解析

项目运行环境的两大要素是事业环境因素和组织过程资产。

（1）事业环境因素（Enterprise Environmental Factors，简称 EEFs）：是指项目团队不能控制的，将对项目产生影响、限制或指令作用的各种条件。事业环境因素可能会提高或限制项目管理的灵活性，并可能对项目结果产生积极或消极的影响。事业环境因素存在于执行项目组织的内部和外部。

- 组织外部：政治、经济、社会、文化、法律、技术等宏观环境，以及市场条件、行业标准、财务考虑因素、物理环境要素等。
- 组织内部：组织文化、组织结构和治理、资源可用性、员工能力等。

（2）组织过程资产（Organizational Process Assets，简称 OPAs）：执行项目的组织所拥有并使用的过程、政策、程序和知识库。它们会影响具体项目的管理。具体可以分为两个部分：

- 过程、政策和程序：如立项流程、财务制度、变更控制程序、收尾要求等。

这部分和项目之间的关系一般是单向的：项目工作要参考或遵守组织的各种制度和程序，但项目团队并不负责对其进行更新和调整，这是项目管理办公室（PMO）或相应职能部门的工作。

- 组织知识库：包括历史项目信息与经验教训、项目档案、财务数据库等。

这部分和项目之间的关系是双向的：项目要从组织知识库中获取知识以指导工作，同时，项目团队也有义务丰富组织知识库，这是重要的项目工作。

项目经理应该在项目过程中指导团队成员持续记录、积累经验教训，在收尾时对经验教训进行整理和总结并转移给组织，从而更新组织知识库，丰富组织过程资产。

经验教训的记录和转移是目前的重要考查点，相关的更多理念和分析，可参见《情景模拟》中的"1.4 问未来：积累经验""2.4 收尾阶段：验收和经验教训"和"3.12 经验教训收集与总结"。

2. 经典例题

例题 1.17 以下都属于项目的事业环境因素，除了：
A. 公司的财务、人事和采购制度
B. 相关的法律和行业规范
C. 公司的项目管理信息系统
D. 以往类似项目中获得的教训

【思路解析】在以往类似项目中获得的教训，应该纳入组织的经验教训库，属于组织过程资产。

【参考答案】D

例题 1.18 以下哪些包括在组织过程资产里？（选3个）
A. 历史资料   B. 组织文化
C. 项目管理信息系统（PMIS）   D. 财务制度
E. 人力资源库   F. 经验教训

【思路解析】历史资料、财务制度和经验教训都属于组织过程资产，其他则属于事业环境因素。

注意，项目管理信息系统（Project Management Information System，简称PMIS）是用于支撑项目管理的信息化工具，属于项目执行组织的信息和管理条件，因此也应归入事业环境因素。

【参考答案】ADF

例题 1.19 在规划相关方参与时要考虑所有事业环境因素，尤其是：
A. 组织文化和组织结构　　　　B. 经验教训库
C. 历史信息　　　　　　　　　D. 政府或行业标准

【思路解析】选项 B 和选项 C 属于组织过程资产，选项 A 和选项 D 则属于事业环境因素；对于相关方管理来说，组织文化和组织机构显然比标准更加重要。

【参考答案】A

例题 1.20 一名团队成员已经制定出一种创新方法来缩短项目时间。若要与其他项目团队分享该方法，项目经理应该更新什么？
A. 项目管理计划　　　　　　　B. 事业环境因素
C. 项目管理信息系统（PMIS）　D. 组织过程资产

【思路解析】新方法有利于加快进度，这属于一种有益的经验。在组织内分享经验教训的最佳方式是将其纳入组织过程资产，供其他项目在需要时查阅。

【参考答案】D

例题 1.21 项目经理正在忙于管理一个项目的过程中又接到一个新项目，而且这个新项目更为复杂。项目经理感到压力很大，希望得到帮助。他了解到公司去年做过一个和这个新项目很类似的项目，他现在应该怎么办？
A. 请教去年做过那个项目的成员，以获得经验
B. 向职能经理申请更多资源
C. 从 PMO 处获取历史记录及指导原则
D. 推荐其他人担任这个新项目的项目经理

【思路解析】项目经理希望获取公司历史项目的信息，最为合理和正规的途径不是直接询问项目团队成员，而是通过 PMO 查询组织过程资产。

历史项目的信息和经验教训要经过 PMO 的筛选、整理、评估和"裁剪"，才能成为组织知识库的一部分，而且 PMO 也要为这些内容设定查阅权限。

【参考答案】C

1.4 组织结构类型 ★

1. 应用解析

除了事业环境因素和组织过程资产，组织系统也对项目的开展有着重要影响。组织系统包括管理要素、治理框架和组织结构类型等因素。其中，组织结构类型对项目的影响最直接，因为它直接决定了项目获取与掌控资源的能力。

常见的组织结构类型分为如下几种：

（1）职能型

职能型组织呈现树状的层级结构，一般按照专业性质（职能线）来划分部门，部门的负责人为职能经理（也翻译成"直线经理"）。每个成员都接受职能线的单线领导，都有且仅有一位上级。

在职能型组织中，项目工作会直接按照职能分工划分为多个模块，分配给相应的职能部门负责。项目经理的职位可能不存在，或者仅体现为一个兼职的"协调员"角色，对资源几乎没有控制能力，只能与各个职能经理协调项目的进展。

（2）矩阵型

矩阵型组织存在纵向的职能部门和横向的项目团队，项目成员要接受双重领导。根据纵向和横向的影响力差别，矩阵型组织又可以分为三种情况：

- 弱矩阵：项目经理对资源的掌控能力弱于职能经理，团队成员认为职能工作的优先级更高。
- 强矩阵：项目经理对资源的掌控能力更强，团队成员认为项目工作优先于职能工作。强矩阵的特征是存在全职的项目经理和项目管理行政人员。
- 平衡矩阵：介于上述两者之间。

（3）项目型

组织的大部分资源用于项目工作，项目经理拥有很大的职权和自主权。

PMP 考试默认的组织结构是弱矩阵，在这种环境下，组织内部的人力资源存在于各个职能部门中，由相应的职能经理负责分配工作。项目经理如果需要使用内部资源，就必须和职能经理沟通、谈判，让他同意把资源分配给项目（即"获取资源"）。

弱矩阵环境下，项目经理对团队成员的绩效考核有一定的发言权，但薪酬、晋升和职业发展的最终决定权仍然在职能经理处。所以，即使资源已经分配给项目，在进展过程中，职能经理仍然可能对资源产生影响，项目经理和职能经理的沟通应是持续进行的。

2. 经典例题

例题 1.22 向职能经理报告的资源将暂时向项目经理报告，直到项目完成为止。虽然项目经理对项目执行和可交付成果的各个方面拥有职权，但职能经理决定工作的优先级，有时还会抽出资源来交付其他的工作。这概述的是哪种组织类型？

A. 弱矩阵型组织　　　　B. 项目化团队
C. 职能团队　　　　　　D. 强矩阵型组织

【思路解析】项目经理对项目拥有一定职权，同时团队成员需要向他汇报，这就否定了职能型组织结构，指向了矩阵型组织结构。同时，职能经理决定工作优先级并且对资源有更大的控制权，这是弱矩阵的特点。

本题选出答案并不难，重点是要理解题目对弱矩阵的精准描述，这有利于此后掌握与资源相关的内容。

【参考答案】A

例题 1.23 项目经理完成新项目所需的资源，必须由所有相关职能经理来分配和管理，这家公司的组织结构最可能是：

A. 平衡矩阵型组织　　　　B. 弱矩阵型组织

C. 强矩阵型组织　　　　　D. 职能型组织

【思路解析】项目经理对项目工作负有责任，但资源掌握在职能经理手里，这是典型的弱矩阵。

【参考答案】B

例题 1.24 在矩阵式管理之下，项目经理应该如何取得项目所需的人力资源？

A. 指令职能部门经理提供所需的人力资源

B. 从执行组织外部招聘尽可能多的人力资源

C. 直接向职能部门中的员工发出加入项目团队的邀请信

D. 与职能部门经理就所需人力资源进行谈判

【思路解析】矩阵型组织中，项目经理需要和职能经理谈判来获取资源，而不能直接联系员工，因此排除掉选项 C。

选项 A 错在"指令"。选项 B 错在"尽可能多"；使用外部资源是 PMI 所提倡的，但要根据实际需求来选择，并非越多越好。

【参考答案】D

例题 1.25 以下说法都正确，除了：

A. 项目经理是被执行组织分派来保证项目目标实现的项目负责人

B. 在职能型组织中，项目经理的角色通常是协调员

C. 在弱矩阵式组织中，项目经理通常向职能经理汇报工作

D. 项目经理、职能经理和运营经理是现代组织中通常需要的三种重要角色

【思路解析】在弱矩阵式组织中，人力资源掌握在职能经理手里，但职能经理并非项目经理的上级。

【参考答案】C

例题 1.26 在项目执行阶段，发现了一个缺陷，影响到一个弱矩阵组织中的两个职能团队。两个团队都不想承担修复缺陷的责任，因为他们忙于完成其他任务。项目经理应该做什么？

A. 与两位职能经理讨论此事，就修复缺陷达成一致意见

B. 与两个职能团队开会，就修复缺陷的责任达成一致意见

C. 将任务分配给与修复缺陷更相关的团队

D. 要求发起人澄清两位职能经理的修复责任

【思路解析】项目经理需要资源来解决问题，但两个职能团队都推托，如何解决？

在弱矩阵的环境下，项目经理不能直接给团队分配工作，也不能越过职能经理来调配资源，而应该和职能经理沟通，获得他们的支持。因此，选项A是最合理的，"达成一致意见"可以认为是在使用合作/解决问题的方法来处理冲突。

如果选项A的方法不能解决，可再进行选项D的升级上报，找发起人来协调。

【参考答案】A

陈老师注 获取资源要找掌控这个资源的人，一般是职能经理，不能找资源本人。当资源加入团队后，如果在工作中出现问题，项目经理要先找本人沟通解决，而不是直接找职能经理。

例题 1.27 在以下哪种项目组织中，项目经理将可能对项目资源进行最严格的控制？

A. 紧密式矩阵组织　　　　B. 项目型组织

C. 平衡矩阵组织　　　　　D. 强矩阵组织

【思路解析】项目型组织中，项目经理调配和控制资源的能力最强。

【参考答案】B

例题 1.28 对比职能型组织和矩阵型组织，下列表述正确的是：

A. 在职能型组织中，项目团队的协作效率更高

B. 职能型组织中的项目经理都是全职的

C. 在矩阵组织中，团队成员通常向职能经理和项目经理同时汇报工作

D. 职能型组织中，项目经理拥有更高的权限

【思路解析】矩阵型组织的重要特征就是团队成员有横纵两个汇报对象。

【参考答案】C

1.5 商业论证与效益管理计划 ★

1. 应用解析

项目商业文件（Business Documents）的开发是项目正式启动前进行的论证分析工作，包括商业论证与效益管理计划两个部分内容。

（1）商业论证（Business Case）

商业论证可以理解为书面的可行性研究报告，用来论证项目启动的必要性、可行性和合理性。其主要内容包括商业需求分析（项目要解决什么问题）和成本效益分析（投入产出比如何，以及是否值得），同时还包括对项目的规模、地点等关键要素做出的最基本的判断和选择。

商业论证列出了项目启动的目标和理由，是后续制定项目章程等管理活动的依据，并且为衡量项目是否成功和进展奠定了基础。

如果商业论证的结果不理想，那么也可以不启动项目。

（2）效益管理计划（Benefit Management Plan）

效益管理计划同样是一种书面文件，用来明确定义项目的效益和实现方式，从而确保效益能够实现。"效益"（Benefit）也翻译为"收益"，即项目给组织带来的利益或价值。PMI目前非常强调效益这一概念，读者也一定要重视。

传统观点认为，只要能够实现项目管理计划规定的范围、进度、成本和质量等指标，项目就应该判定为成功。但由于环境变化日益迅速，项目虽已实现管理指标，但是并未给组织带来预期价值的情况屡见不鲜，这种情况不能视为真正的成功。

因此，新观点越来越强调效益的重要性，也就是要求项目不仅要实现管理指标，还要给组织带来切实的利益，如此才能真正判定为成功。这就需要

在启动前定义项目的目标效益、明确效益与组织战略的关系、规定效益的测量指标并指定责任人。效益责任人在整个项目周期中，负责跟踪记录、监督和报告效益的实现情况。

上述内容都包含在效益管理计划内。效益管理计划的制定和维护是一项迭代活动。

（3）项目商业文件的要点

项目商业文件是制定项目章程的前提条件，即《指南》中"4.1 制定项目章程"这一过程的"输入"。它明确了项目的效益目标，给出了项目的基本要素，因此，在后续编制项目章程的时候，应该参考项目商业文件提供的信息。

项目商业文件的制定和维护通常由发起人负责。 发起人可以自己完成，也可以委托具有相关知识和分析技能的商业分析师来完成。项目经理与商业分析师之间应该是合作伙伴关系，即项目经理应尊重商业分析师的专业判断，不要越俎代庖。项目经理对于项目商业文件可以提出建议和见解，但往往不会深度参与其制定工作。

项目经理与发起人共同确保项目章程、项目管理计划和效益管理计划在整个项目生命周期内始终保持一致。

2. 经典例题

例题 1.29 项目发起人和项目经理正在为新的能源厂制定项目章程。有多个厂址可供考虑，但可能影响项目成本。若要选择最合适的厂址，项目发起人和项目经理必须首先执行下列哪一项工作？

A. 商业需求　　　　　　B. 项目范围说明书
C. 项目预算　　　　　　D. 商业论证

【思路解析】厂址的选择是项目开展的关键要素，因此需要进行商业论证，以明确各个厂址的选择对成本、资源、收益等各方面因素的影响，再以此为基础制定项目章程。

【参考答案】D

例题 1.30 一个项目经理被任命去完成一个时间紧迫的项目，他发现，项目并没有实施过商业论证和效益管理计划，这时他应该如何做？

A. 制订项目管理计划　　　　B. 更新商业文件

C. 告知发起人　　　　　　　D. 制定项目章程

【思路解析】项目时间紧迫，但是商业文件还没有制定，这就意味着项目章程无法完成，更无法进行后续的规划工作。

在遇到商业文件缺失时，项目经理应该与发起人进行沟通，请他委托商业分析师来完成工作，不能越俎代庖直接插手。

【参考答案】C

例题 1.31 项目发起人非常注意与客户一起制定效益分析和范围。任命的项目经理后来按时按预算完成项目。项目发起人应该如何向客户确保最终可交付成果达到预期目标？

A. 查阅工作分解结构（WBS）确认所有工作包已经完成

B. 向客户指出，由于满足了进度计划和预算要求，该项目取得成功

C. 要求分配的效益负责人在书面报告中提供他们的反馈以进行验证

D. 向客户提供在项目结束时使用的一份清单，列出所有已解决的事项

【思路解析】"可交付成果达到预期目标"指的不仅是范围、进度、成本和质量这几个项目管理指标，还包括更高层次的项目成功标准——效益。发起人既然特别关注效益，就应该在效益管理计划中指定负责人，在项目过程中持续关注效益、确保实现效益。由效益负责人在收尾时对项目效益进行总结和反馈，是确认效益实现状况的良好方式。

选项 A 指的是项目的范围内的工作全部完成，选项 B 指的是进度和成本符合要求，都是项目管理计划层面的绩效，低于效益目标。

【参考答案】C

例题 1.32 项目经理需要确保项目管理方法紧扣商业文件的意图。当在执行过程中发现项目的阶段成果与项目效益管理计划的价值要求不符合时应如何做？

A. 暂停项目

B. 向发起人汇报情况，请求支持

C. 调整效益管理计划，使之与项目阶段成果相符合

D. 分析偏差，与发起人共同确保章程、项目管理计划和效益管理计划在整个项目生命周期内始终保持一致

【思路解析】项目经理要实现项目管理目标，更要给组织创造效益。如果发现按照现有计划继续执行已经无法创造预期效益，项目经理应该对计划进行调整。选项 D 是关于此事的标准说法。选项 C 的做法是削足适履，逻辑颠倒了。

【参考答案】D

例题 1.33 下面哪项不是制定项目章程需要依据的？（选 2 个）

A. 效益管理计划　　　　B. 项目进度计划

C. 事业环境因素　　　　D. 组织过程资产

E. 风险管理计划

【思路解析】效益管理计划是商业文件的一部分，是制定章程所必须依据的。此外，事业环境因素和组织过程资产也都是制定项目章程需要考虑的。这三项都表现为"制定项目章程"这个过程的输入。

项目进度计划和风险管理计划都是项目管理计划的组成部分，需要依据章程来制订。

【参考答案】BE

例题 1.34 根据商业论证，项目必须在 12 个月内完成，以便最大限度地提高经济效益。在审查商业论证之后，项目经理识别到一些制约因素，这些制约因素将导致无法在此时间范围内完成项目。项目经理应该怎么做？

A. 在项目章程中包括 12 个月的项目持续时间

B. 在考虑到这些制约因素的影响后，在项目章程中更新修订后的完

成日期

C. 通知管理层无法实现项目时间表

D. 与管理层开会讨论此事并最终确定行动计划

【思路解析】项目的最终目标是创造效益，因此，项目经理应该努力完成商业论证给出的进度要求；但现实情况中又存在着影响实现目标的制约因素。

这个矛盾不解决，项目不能贸然启动，也不能直接推迟，比较好的方式是通过和关键相关方的沟通来确定方案，即选项 D。这其实就是创建项目章程时相关方通过沟通达成共识的过程。

【参考答案】D

1.6 项目生命周期与阶段 ★

1. 应用解析

项目一定有始有终，从启动到完成的时间段称为项目的**生命周期**（Life Cycle）。

不同的项目，其生命周期的特性也会有所不同，但一般而言都具有如下特征：

- 成本与资源的投入在项目开始时较低，在执行阶段逐渐增加，并在项目快要结束时迅速回落。

- 项目的风险/不确定性在开始时最大，随着决策的不断制定、信息的逐渐清晰与可交付成果的验收，风险/不确定性在项目生命周期中也逐步降低。

- 在不显著影响成本和进度的前提下，相关方影响项目成果最终特性的能力（即定义产品范围的灵活性）在项目生命周期开始时最大，并随项目进展而降低。

- 做出变更和纠正错误的成本，随着项目生命周期的推进而升高，并在项目接近完成时显著上升。

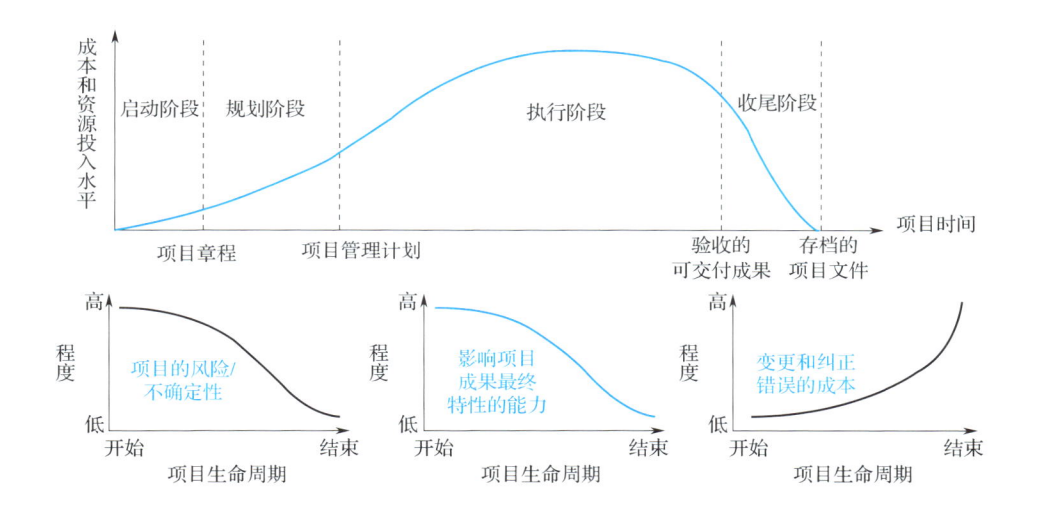

为了更好地进行管理，人们通常把项目的生命周期划分为多个阶段（Period），这样可以提供更多的管理控制点，从而优化决策、降低风险。

每个阶段都可以视为一个具体而微小的项目。在每个阶段内，项目团队同样要完成特定工作，产出相应的阶段性成果以供审核。同时，每个阶段的结束也都是一个重要的决策节点，称为阶段关口／关卡（Gate）或者阶段审查。在关口上，通过将项目的实际绩效状况与项目管理计划进行比较，来确定项目接下来应该何去何从——按计划继续、进入下个阶段、整改、重复当前阶段、变更或者终止。

同时，每个阶段结束前也要进行相应的阶段性收尾工作，如收集、整理经验教训等。

项目阶段的划分方式取决于项目工作的内在特征和所在领域的情况。对于一般意义上的项目，《指南》和考题中采用了一种通用划分方式，把项目分为启动、规划、执行和收尾四个阶段。

第一，启动阶段：项目章程正式批准之前的时间，可以统称为启动阶段。在这一阶段，项目经理的核心任务是统筹关键相关方的意见，制定项目章程并获得书面批准。

第二，规划阶段：章程一旦获得正式批准，项目就进入规划阶段。在这一阶段，项目经理的核心任务是制订项目管理计划，并且使项目管理计划获得相关方的批准。获得批准的项目管理计划一般会通过开工大会（Kick-off Meeting）的形式发布出来。

第三，**执行阶段**：开工大会后，项目团队要将获得批准的项目管理计划付诸实践。在这一阶段，项目经理的核心任务是确保项目的绩效符合计划，按要求产出可交付成果。

第四，**收尾阶段**：当可交付成果基本完成，项目就进入了收尾阶段。在这一阶段，项目经理的核心任务是让可交付成果获得相关方的正式验收，并完成项目结束前的一系列收尾工作。当项目工作全部结束，团队释放之后，项目经理的使命就完成了。

PMP 考试中的几乎每个问题都是基于特定阶段的情况提出的。关于项目阶段的识别方法和项目经理在不同阶段要掌握的问题解决思路，可参见《情景模拟》"第 2 章　识别项目阶段"的详细解析。

2. 经典例题

例题 1.35 以下哪些是大多数项目的生命周期都具有的特点？（选 3 个）

A. 在项目开始阶段，项目对资源的需求急剧增加
B. 在项目开始阶段，项目对资源的需求缓慢增加
C. 在项目收尾阶段，项目对资源的需求急剧下降
D. 在项目收尾阶段，项目对资源的需求缓慢下降
E. 项目大部分的预算都花费在启动和规划阶段
F. 项目的不确定性随项目的实施而逐渐降低

【思路解析】对资源的需求在项目开始阶段缓慢增加，在项目收尾阶段快速下降。项目的大部分预算都花费在执行阶段。项目的不确定性随项目的实施而逐渐降低。

【参考答案】BCF

例题 1.36 在项目阶段结束时，要对该阶段的可交付成果和绩效进行审查，其目的在于：

A. 做出项目变更（包括纠偏）、项目继续或不继续的决策

B. 获得客户对可交付成果的认可

C. 调整项目目标

D. 根据资源情况来决定是否需要补充资源

【思路解析】关口审查的最主要意义是决策，确定项目何去何从。

【参考答案】A

例题 1.37 高层管理者应当在以下哪个时候对项目进行审查？

A. 客户提出重要意见时

B. 项目出现不可接受的偏差时

C. 完成一个里程碑时

D. 完成一个生命周期阶段时

【思路解析】阶段结束是高层最应该关注的时间点，这是预先设置好的审查点，要进行关口审查。

【参考答案】D

1.7　项目管理过程和过程组

1. 应用解析

《指南》传统的内容组织形式是按照"知识领域—过程"的逻辑展开的，比如第六版经典的"十大知识领域—49个过程（属于五大过程组）"。第七版《指南》虽然淡化了过程，仅将过程组作为管理模型之一进行介绍，但考虑到传统架构的影响力，项目管理过程和过程组仍然将在相当长的一段时间内成为描述项目管理的重要方式。

这种描述方式具有一定抽象性，因而成了广大读者学习和理解知识体系的难点，甚至很多讲师和教材都将过程组与项目阶段混淆起来，在此有必要进行澄清和梳理。

（1）如何理解项目管理过程（Process）

项目阶段很容易理解，因为它是基于时间维度定义的，是项目生命周期在时间上的划分；项目管理过程之所以难于理解，是因为它并非基于时间维度定义的，而是基于管理维度定义的。

过程是对不同类型项目中相似工作的抽象概括。《指南》要用相同的架构来指导各行各业中不同类型的项目，抽象就成为其必然选择。具体做法是从这些多种多样的项目中寻找相似性，再将共性的方法和规律总结出来，用输入、工具与技术和输出这三个要素进行抽象描述，这就是项目管理过程的由来。

现在很多行业都在开发标准作业流程（Standard Operation Procedure，简称SOP），目的是清楚地呈现出工作的程序和要求，并且有利于总结经验教训。实际上，每个项目管理过程都是多个行业中成熟的SOP的抽象概括，可以认为是"元SOP"，也就是SOP的SOP。

比如《指南》中"4.1 制定项目章程"这个过程，总结了多个行业中启动项目所需流程的共性规律。每个项目的具体情况不同，启动时未必都会形成一份叫作"项目章程"的文件，但良好的做法一定是完成了这个过程的两大关键任务——给项目和项目经理进行正式授权、统筹关键相关方的意见以形成基本共识。

(2) 如何理解过程的三大要素

每个项目管理过程用标准化的三大要素来呈现：输入、工具与技术和输出。《指南》的说法是"每个项目管理过程通过合适的项目管理工具和技术将一个或多个输入转化成一个或多个输出"。我们将这种抽象表达还原到现实工作中，就容易理解了。

输入

- 完成这项工作，需要使用哪些素材或材料？
- 需要考虑哪些内外部因素？（如事业环境因素、组织过程资产等。）
- 需要遵照哪些计划来开展工作？所需的信息去哪里查找？（所遵循参考的项目管理计划和文件。）

工具与技术
- 完成这项工作，需要使用什么专门方法？需要哪些专业技能？

输出
- 这项工作需要得到什么成果？（如阶段性成果、中间成果。）
- 工作中得到了哪些信息？如何记录？（体现为项目管理计划和文件的更新。）
- 有没有计划需要进行调整？（体现为变更请求。）

（3）如何理解过程组（Process Group）

过程组是对多个相似过程的归类。启动、规划、执行、监控和收尾这五大过程组代表了五种不同类型的管理工作，同一个过程组中的若干个过程具有如下的相似性质：

- 启动过程组：为新项目或新阶段进行定义和授权。
- 规划过程组：制订计划，以项目计划和文件为成果。
- 执行过程组：按照已经制订的计划和批准的变更开展工作。
- 监控过程组：将工作成果与计划进行比较，以便评判绩效、预测趋势、进行调整。
- 收尾过程组：为完成全部项目或阶段性项目进行的总结、交接性质的工作。

因此，五大过程组和项目的各个阶段之间不是一一对应关系，而是交叉关系。在项目的每个阶段内，这五种性质的工作都可能共同存在，交互发挥作用。

比如，第六版《指南》的启动过程组包含了两个过程："4.1 制定项目章程"和"13.1 识别相关方"。在项目的启动阶段需要识别相关方，这是很容易理解的；那么当项目进入规划、执行、收尾这几个阶段时，是否也需要识别相关方？当然！对于项目的每个阶段，相关方的构成都可能发生变化，所以在每个阶段开始的时候，项目团队都要开展识别相关方这个过程，也就是开展启动过程组的工作。

再比如，项目收尾阶段的首要工作是验收，但验收工作的基本逻辑是将成果与计划进行比较，这种工作的性质属于监控过程组（《指南》中"5.5 确认范围"过程）。而在项目成果盖棺论定之后，为了项目善始善终而开展的总结、交接性工作，才属于收尾过程组。

（4）对过程的应用要"量体裁衣"，不能"刻舟求剑"

理解了过程的本质，就不难理解在实践中对过程的参考要根据情况进行"剪裁"。

第六版《指南》的 49 个过程，是 49 种典型项目管理工作的经验总结，并非强制性的规定。项目团队需要根据项目的情况，从中选择性质接近的过程进行参考，开发自身的 SOP；项目也完全可以有 49 个过程范围以外的 SOP。

《指南》对于每个过程列出的三大要素，也仅仅是一种"最大公约数"性质的参考和推荐，在实践中要根据情况进行增减，不能刻舟求剑，直接照搬。

2. 经典例题

例题 1.38
下面说法正确的是：

A. 五大过程组可能出现在项目的每个阶段

B. 管理任何项目都应该包含 49 个过程

C. 收尾过程组只发生在产品交付阶段

D. 五大过程组是按照时间先后顺序发生的

【思路解析】如上面的解析，五大过程组在项目的每个阶段都可能发挥作用，并非按照时间先后顺序发生。

此外，49 个过程仅仅是典型工作的抽象总结，而不是强制规定。可以说，没有任何一个项目能够完全按照 49 个过程来执行，即不需要全部包含，实际也不可能全部包含。

【参考答案】A

例题 1.39 以下关于项目管理过程组或过程的说明，不正确的是：

A. 项目管理过程组在不同类型的项目上都是相同的
B. 当项目发生变更时，项目管理过程也发生变更
C. 收尾过程组在项目中后期就开始发挥作用
D. 项目进入执行阶段后，仍然可以开展规划过程组的过程

【思路解析】项目的变更，一般并不引起项目管理过程的变更，故选项 B 不正确。

其他几个选项都是正确的。需要说明一下选项 A，虽然不同项目的具体过程会有差别，但五大过程组是一致的；不论什么类型的项目，都不可能省略掉任何一个过程组。

【参考答案】B

例题 1.40 在下列哪一个项目管理过程组中确定项目成功标准、定义项目策略和确定产品描述？

A. 启动　　B. 规划　　C. 执行　　D. 监控

【思路解析】题干中"确定项目成功标准"等都是为新项目或新阶段进行定义和授权的过程，属于启动性质的工作，因此属于启动过程组。这些工作的结果会反映在项目章程中。

【参考答案】A

例题 1.41 项目经理刚得到团队成员的通报，项目系统的速度和最初计划的速度有偏差。项目经理很惊讶，因为这个绩效衡量没有在规划中识别。如果项目经理稍后评估是否这个偏差需要反应，项目经理是在哪个管理过程中？

A. 启动　　B. 执行　　C. 监控　　D. 收尾

【思路解析】对项目的绩效进行测量，然后与计划相比较以确定偏差，乃至评估是否需要采用纠正措施，都是监控过程组的典型工作。

【参考答案】C

例题 1.42 项目经理正在核实所有项目的可交付成果和文件已更新，并且所有问题均已解决。这描述了什么过程？

A. 管理项目知识　　　　　B. 结束项目或阶段

C. 监控项目工作　　　　　D. 实施整体变更控制

【思路解析】核实所有可交付成果和文件的状态并确保问题全部解决，属于项目收尾过程组中"结束项目或阶段"这个过程，是在验收完成后进行的总结、交接工作。

【参考答案】B

例题 1.43 以下哪项是项目收尾过程组的工作？

A. 检查已完成的可交付成果的质量是否合格

B. 验收已确认的可交付成果

C. 把已通过验收的可交付成果移交给客户

D. 发现项目产品功能的偏差，提出纠偏建议

【思路解析】对完成验收的成果进行移交是具有收尾性质的重要的交接工作。

选项 A、选项 B 和选项 D 的工作性质都是将实际与计划进行比较，属于监控过程组。具体来说，选项 A 是《指南》中"8.3 控制质量"过程，选项 B 是《指南》中"5.5 确认范围"过程，选项 D 是《指南》中"5.6 控制范围"过程。

【参考答案】C

1.8　开发方法 ★★

1. 应用解析

项目生命周期覆盖项目从启动到完成的全部时间段，如果项目中涉及对新的产品、服务和成果的开发，那么与开发直接相关的部分就称为**开发生命周期**（Development Life Cycle），一般是相应项目生命周期的中间部分。

项目生命周期

准备阶段　需求阶段　设计阶段　制造阶段　验证阶段　交付阶段　运维阶段

开发生命周期

　　开发生命周期同样可以划分为不同阶段，这些阶段之间可能存在着顺序、迭代或交叠的关系。开发生命周期的模式称为"开发方法"（Development Approach），主要有如下几种：

- 预测型 / 瀑布型 / 计划驱动型：前期一次性确定需求，依靠对未来的预测进行项目全程的计划工作。因此，此类型的"开发方法"强调尽可能按照计划执行，在收尾时一次性交付成果，对变更持消极态度，需要通过审慎的审批才能进行。
- 迭代型：通过多次循环，由粗糙到细致地交付成果。这样做的本质是为了验证需求，因此强调对已经交付的中间成果进行反馈，从而改进工作。
- 增量型：按照模块，由少到多递增式地交付成果。这样做的本质是为了尽早提供价值，让客户可以立即使用可交付成果的一部分。
- 敏捷型：同时具有迭代和增量的特征。既通过迭代完成，又以增量的方式在早期交付商业价值。

　　由此，项目生命周期可分为两大类型：预测型和适应型。只要在开发生命周期中采用了增量、迭代或敏捷的方法，项目生命周期就是适应型的；如果开发生命周期是预测型的，项目生命周期就是预测型的。

2. 经典例题

例题 1.44

关于项目生命周期和项目阶段的说法，正确的是哪一个？
A. 类似的领域和组织就有相同的项目生命周期
B. 项目生命周期内的项目阶段总是依次顺序排列的

C. 项目生命周期并不定义项目的开始和结束

D. 不同的子项目可以有不同的生命周期

【思路解析】项目生命周期主要取决于项目的特征，相同的组织完全可以有不同类型的项目，因此选项 A 错误。项目阶段"依次顺序排列"是预测型的特点，其他类型都可能出现循环迭代，因此选项 B 错误。项目生命周期可以定义项目的开始和结束，因此选项 C 错误。

同一个项目包含的子项目的性质可能不同，当然可以有不同的项目生命周期。比如，在建筑工程项目中，结构施工应该选择预测型生命周期，而附属设施可以用增量型或者迭代型生命周期。

【参考答案】D

例题 1.45 以下哪种项目生命周期对变更最不友好？

A. 迭代型　　　B. 敏捷型

C. 瀑布型　　　D. 增量型

【思路解析】瀑布型即预测型生命周期，其思路是在早期编制完善的全程项目管理计划，后期尽可能按照计划执行，避免变更；因此，该类型生命周期会设定严格的整体变更控制流程，强调任何变更都要纳入流程，进行严格控制。

【参考答案】C

例题 1.46 以下哪几种项目开发周期之中，项目的范围不是一次性交付的？（选 3 个）

A. 迭代型　　　B. 敏捷型　　　C. 瀑布型

D. 增量型　　　E. 预测型

【思路解析】预测型/瀑布型的范围是一次性交付的。增量型的范围按照模块递增交付，迭代型的范围由粗糙到精细逐渐交付，敏捷型则兼有增量型和迭代型的特征。

【参考答案】ABD

例题 1.47 项目经理接到一个新软件产品开发项目，根据用户的持续反馈才能一步步决定产品的功能，而且如何实现这些功能也没有成熟的技术方案可以借鉴。项目经理应该建议采用哪种项目生命周期？

A. 预测型

B. 适应型

C. 迭代型

D. 增量型

【思路解析】"根据用户的持续反馈才能一步步决定产品的功能"意味着用户需求不够清晰，需要在过程中进行验证。"如何实现这些功能没有成熟的技术方案可以借鉴"意味着解决方案不够清晰，需要在过程中不断探索。既然需求和解决方案都具有一定的不确定性，项目经理应该建议使用敏捷的开发方法，在整体项目生命周期上表现为适应型。

【参考答案】B

例题 1.48 由于不确定的市场环境和即将到来的项目的复杂性，你所在的公司正在考虑从传统的项目管理方式向混合的项目管理方式过渡。公司要求你研究各种选择，以整合新的项目管理实践，帮助公司更接近目标。以下哪一项你最不可能推荐？

A. 让业务分析人员参与需求管理

B. 在初始项目规划期间增加详细程度

C. 实施工具以识别复杂的项目要素

D. 结合敏捷、增量和迭代实践

【思路解析】整个项目未必仅使用单一的开发方法，可以混合不同生命周期的执行方式来实现目标。"传统的项目管理方式"指预测型，而"不确定、复杂性"这样的情况显然要求使用迭代型、增量型和敏捷型这些非预测型的方法；因此，为推动由预测型向混合型的转变，最不可能推荐的就是选项B，因为其做法意在增加前期规划的详细程度，还是典型的预测型思路。

【参考答案】B

例题 1.49

由于一种新的致命病毒在全球范围内暴发,世界卫生组织向制药公司发出招标,要求它们开发针对这种病毒的疫苗。开发的目标很明确,即防止病毒传播。但是,解决方案还远未确定。然而,一旦疫苗开发出来,审批过程就会非常正式和有条理。什么项目管理方法最适合该项目?

A. 混合型　　　　　B. 敏捷型
C. 预测型　　　　　D. 任何方法

【思路解析】"解决方案远未确定",即开发工作具有很强的探索性,因此开发生命周期无法采用传统的预测型方法,应采用敏捷型。而"审批过程就会非常正式和有条理"意味着审批阶段还是适宜采用预测型方法,因此,对整个项目而言,属于混合型。

【参考答案】A

例题 1.50

你正在领导一个开发新智能手机的项目。因为你要预测需求的许多变更,并不断从相关方那里得到反馈来调整智能手机方案,所以工作将以小的增量迭代完成。然而,这款智能手机的摄像头将由一家拒绝以渐进方式合作的供应商开发。你为该项目选择什么项目管理方法是最好的?

A. 以敏捷型方法为主,带有一些预测组件
B. 以预测型方法为主,带有一些敏捷组件
C. 在计划过程中具有预测性,在执行过程中具有敏捷性
D. 在计划和执行期间的敏捷型项目管理方法

【思路解析】从题干描述的情况来看,手机整体的开发方法为敏捷型,而摄像头的外包开发为预测型,故选择 A。

注意,选项 C 是在计划过程中采用预测型方法,在执行时采用敏捷型方法;这是行不通的,因为敏捷的思维方式意味着计划本身也在不断调整。

【参考答案】A

例题 1.51 你将与你的团队会面来确定项目的生命周期。在分析了定义和管理需求、开发可交付成果、处理变更、控制风险和成本,以及与关键相关方合作的最佳方式之后,做出了选择混合生命周期的决定。在选定项目生命周期后,关键相关方多久参与一次?

A. 持续参与

B. 在特定里程碑参与

C. 定期参与

D. 完全不参与

【思路解析】对于整个项目,没有必要使用单一的方法。为达到特定的目标,项目经常要结合不同的生命周期要素。

在预测型生命周期中,相关方只在项目的里程碑时点参与;在敏捷型生命周期中,相关方需要持续参与。混合型介于二者之间,意味着相关方需要定期参与。

【参考答案】C

1.9 项目章程★★

1. 应用解析

项目章程(Project Charter)是由项目发起人发布的,用于正式批准项目并授权项目经理动用组织资源开展项目活动的文件。

(1)项目章程的两大意义

第一,授权:授权项目正式启动,授权项目经理使用组织资源开展项目活动。

第二,建立共识:让关键相关方对项目的关键要素达成共识,如高层级需求、成功标准、主要的可交付成果、总体里程碑、初步预算等。可以说,制定项目章程的过程,就是项目经理在商业论证的指导下,进一步明确项目关键要素的过程。关键相关方在这里形成的共识,会成为后续项目管理计划编制的依据。

（2）项目章程的内容

《指南》第六版对项目章程内容的陈述如下：

项目章程记录了关于项目和项目预期交付的产品、服务或成果的高层级信息，例如：

- 项目目的。
- 可测量的项目目标和相关的成功标准。
- 高层级需求。
- 高层级项目描述、边界定义和主要的可交付成果。
- 整体项目风险。
- 总体里程碑进度计划。
- 预先批准的财务资源。
- 关键相关方名单。
- 项目审批要求（例如，用什么标准评价项目成功？由谁对项目成功下结论？由谁来签署项目结束？）。
- 项目退出标准（例如，在何种条件下才能关闭或取消项目或阶段）。
- 委派的项目经理及其职责和职权。
- 发起人或其他批准项目章程的人员的姓名和职权。

项目章程确保相关方在总体上就主要的可交付成果、里程碑和每个项目参与者的角色、职责达成共识。

需要注意的是，《指南》中列举的这些内容是建议性的，并不是强制要求，在实际工作中肯定会根据项目的实际需求增加或删减，不需要教条地记忆。我们只需要掌握一个原则：章程中记录的是关于项目最基本的、最关键的内容，这些内容是已经在关键相关方之间获得共识的。从"高层级""总体""关键"这些定语可以看出，项目章程中包含的内容是概要的，不需要包含细节。

在现实工作中，起到项目章程作用的文件一般是任命书、对可行性研究报告的批复等。注意章程不是合同，合同是编制章程的参考，即"输入"。

（3）项目经理在章程编制中的作用

项目章程可由发起人编制，或者由项目经理与发起人合作编制。如果在项目经理被安排到项目上时，章程还未完全编制好，那么，**作为初步任命的项目经理，核心任务就是制定项目章程，并且让章程获得关键相关方的正式批准。章程不正式获批，项目经理不能开展后续的规划和执行工作。**

虽然章程是以发起人的名义发布的，但是**项目经理对章程的制定和批准过程应该持积极促成的心态。**项目经理要主动识别各种关键因素、主动了解相关方的期望并统筹他们的意见，争取达成关键共识，而不要持观望、等待的被动态度。

（4）项目章程的严肃性

项目章程可以说是项目的"宪法"，是至关重要的文件，所以项目章程的批准过程也是非常严肃的事情，要由发起人或者关键相关方进行正式（书面的）审批，并以发起人/发起组织的名义正式发布。通过这种正式的流程，项目经理的权力才能得到确认，从而名正言顺地为开展项目活动而动用组织资源。

关于项目章程及启动阶段的详细解析，可参见《情景模拟》的"2.1 启动阶段：围绕项目章程"。

2. 经典例题

例题 1.52 以下哪个文件授权项目经理为开展项目活动而动用组织资源？

A. 商业论证　　　　　　B. 项目管理计划

C. 项目章程　　　　　　D. 项目工作说明书

【思路解析】这是项目章程最重要的意义。

【参考答案】C

例题 1.53 在以下哪个文件中记录了项目的总体里程碑进度计划和概要性预算？

A. 项目管理计划　　　　B. 项目章程

C. 项目文件　　　　　　D. 项目商业论证

【思路解析】注意关键词"总体"和"概要性",这正是项目章程中应该包含的。

项目章程仅需要包括概要且重要的内容,不需要包含细节,细节应该记录在后续编制的项目管理计划中。

【参考答案】B

例题 1.54 发起人通知项目经理,无须正式的项目章程批准即可启动项目。项目经理担心,未经批准就开始项目执行可能会影响项目和项目管理过程。若要在将来避免项目问题,项目经理应该做什么?

A. 创建详细的项目时间表

B. 确保明确监督项目目标

C. 获得项目发起人对项目章程的口头批准

D. 确保项目章程得到正式批准和沟通

【思路解析】项目章程非常严肃,必须达成共识且获得书面批准。选项 A 属于不批准就开展后续的规划工作,这当然不正确;选项 C 仅获得口头批准的做法也不提倡。"正式批准"一般就相当于"书面批准"。

【参考答案】D

例题 1.55 项目发起人因被大量工作所淹没,未能批准项目章程,他们现在想知道为什么项目还没有开始,项目经理应该做什么?

A. 解释批准项目章程对正式授权和资源分配有必要

B. 告诉发起人,批准项目章程将正式确定项目范围、进度和成本基准

C. 澄清批准项目章程将正式确定项目管理计划

D. 解释批准项目章程对正式确定工作绩效数据有必要

【思路解析】不批准章程,项目经理的职权就无法建立,自然就无法获取资源来开展项目。选项 B、选项 C 和选项 D 本身都是错误的。

【参考答案】A

例题 1.56 项目发起人并且是提供资金的相关方，和客户一起共同开展效益分析，完成商业论证并制定项目章程。然而，发起人未咨询其他关键相关方的意见，包括主要政府监管机构。若要尽可能减少风险，项目经理应该怎么做？

A. 更新商业论证，以包含项目可行性

B. 在最终确定项目章程之前，主动接洽所有相关方

C. 在整个项目生命周期中不断更新商业论证

D. 在项目期间遵循正常的风险管理程序

【思路解析】发起人在编制章程时忽略了关键相关方，这个做法不能被接受。项目经理应该弥补这个漏洞，即积极主动地接洽关键相关方，了解大家的需求和期望，从而促进大家达成共识。

【参考答案】B

例题 1.57 在完成项目章程时，项目经理发现相关方对某些要素的意见不一致。项目经理应该做什么？（选2个）

A. 参考项目治理框架，加强项目承诺

B. 与相关方合作解决冲突并最终确定项目章程

C. 与项目团队合作以解决问题并继续进行项目规划活动

D. 将预计结果与商业论证相关联，以便获得相关方的一致同意

E. 组织一场引导式研讨会以达成共识

【思路解析】项目章程的内容必须在关键相关方中取得共识，现在既然出现了不同意见，项目经理就要主动引导沟通，促成共识，采用冲突管理中的合作/解决问题模式和引导的方法是最佳答案。

【参考答案】BE

例题 1.58 项目经理在一个项目中途辞职了。项目发起人应该使用哪一份文件来将项目职权转移给新项目经理？

A. 项目管理计划　　　　B. 商业论证

C. 项目章程　　　　　　　D. 项目范围说明书

【思路解析】项目经理的职权由项目章程规定，更换项目经理同样需要通过章程来授权。

【参考答案】C

例题 1.59 在项目启动阶段，项目发起人向项目经理询问已识别的风险情况。项目经理应参考下列哪一项？

A. 项目章程

B. 规划风险管理过程

C. 风险登记册

D. 控制风险过程

【思路解析】在项目启动阶段识别到的重要风险，可以记录在项目章程中。此时，项目的规划工作尚未开始，因此正式的风险管理工作（制订风险管理计划—识别风险—定性定量分析—制定应对措施）也还没有开始，选项B、选项C和选项D在此时都是不存在的。

《指南》列出的章程12条参考内容并不需要记忆，把握一个关键点即可——项目章程包含项目启动阶段各个领域识别到的关键信息。

【参考答案】A

1.10　项目管理计划★★

1. 应用解析

项目管理计划（Project Management Plan）是描述如何执行、监督和控制项目的一份文件，它整合了所有子管理计划和基准，以及管理项目所需的其他信息。

（1）项目管理计划的基本要素

《指南》表述中的"一份文件"让很多人产生了误解，认为必须将全部工作内容写进同一个文件内才符合要求。实际上，"一份文件"指项目管理计划的各个部分在内容上相互协调统一，在逻辑上形成一个整体；在实体上，项目管理计划当然可以由多个独立的文件构成。

关于项目管理计划所包含的各种子计划，《指南》已经列出了详细的参考，在此不再赘述，需要注意的仍然是"量体裁衣"的思维方式：项目管理计划可详可略，所包含的内容及其详细程度取决于具体项目的要求。当然，同一个项目的项目管理计划，其详细程度肯定要超过项目章程。

项目管理计划还具有渐进明细的特征，计划需要在过程中不断进行更新和细化，并非一成不变。

（2）项目管理计划和项目章程的关系

项目章程代表着关键相关方对项目的重要共识；项目管理计划的编制是在章程的指导下对项目执行方法进行详细规划的过程，而并非重新定义的过程。项目管理计划的编制工作要受项目章程的约束，不能超出项目章程的范围。

从商业文件到项目章程再到项目管理计划，相关方对项目的理解随着工作的推进逐渐细化，相关工作逐渐落实。

（3）项目管理计划的制订方法

制订项目管理计划并使其获得相关方的批准是项目经理在规划阶段的核心任务。项目管理计划的制订很少由项目经理大包大揽，**一般采用先分解再整合的方式。**

- 分解：项目经理将项目管理计划的内容先按照知识领域/专业方向进行分解，授权给对各个领域/专业方向熟悉的团队成员，由其负责编制该领域的子计划。
- 整合：项目经理对各个领域初步编制好的子计划进行统筹，解决互相之间可能存在的矛盾，使其相互协调，形成一份综合文件。这种整合并不是一次性的工作，要在项目过程中贯穿始终，持续进行。

项目管理计划中，需要设定一些关键的绩效指标作为执行依据和考核标准，即"基准"（Baseline，也翻译为"基线"）。《指南》默认的三大基准是范围、进度和成本。

在确定基准之前，各个领域初步编制出的项目管理计划是可以直接调整的，对它们的调整属于项目经理的整合管理工作，不需要遵循变更流程。而一旦基准经过相关方的审批正式确定下来，就只能通过实施整体变更控制过程进行更新。

（4）项目管理计划的批准和发布

项目管理计划需要获得关键相关方的批准，才能正式成为执行的依据。但并非要等到计划全部完成才去收集相关方的意见，更好的做法是，在项目管理计划的编制过程中就主动了解他们对项目的需求和期望，充分整合他们的意见，在相关方充分参与的情况下制订各个领域的管理计划。

项目管理计划的完成代表着相关方对项目的具体内容和执行方法取得了全面共识，这种共识包括如下方面：

- 相关方认可项目的具体内容和执行方法，对项目带来的变化表示支持。
- 相关方认可自己对项目的责任，承担相应义务。
- 项目团队成员要认可自己被分配的角色和职责，承诺完成交办的任务。

《指南》建议召开开工大会发布上述共识，通过会议这种公开展示的形式，可以强化相关方的支持和承诺。

（5）开工大会的翻译问题

开工大会在《指南》中对应的英文是"Kick-off Meeting"，也翻译为"开踢大会"；但是PMP考题经常把Kick-off Meeting翻译成"启动大会"。而在《指南》的习惯中，启动大会是"Initial Meeting"的翻译，指发布项目章程的会议。

这种翻译的不一致带来了一些误解。如果在题目中见到"启动大会"，建议对照英文来确认到底指的是哪个会议。通过上下文语境也可以判断，如果有信息指出这个会议要发布项目管理计划，那么就应该是开工大会。发布项目章程的启动大会的知识点现在已经很少考查了。

2. 经典例题

例题 1.60 以下各项都是项目管理计划的组成部分，除了：
A. 项目范围管理计划　　B. 项目范围基准
C. 项目资源管理计划　　D. 项目风险登记册

【思路解析】项目风险登记册属于项目文件，不属于项目管理计划，因此也不是项目管理计划的组成部分。

【参考答案】D

例题 1.61 关于项目管理计划，下面哪个表述是不正确的？
A. 项目管理计划应该由项目经理带领项目团队共同开发
B. 制订项目管理计划需要基于项目章程
C. 项目管理计划通常不包含项目执行数据
D. 项目管理计划一经批准就不应该修改

【思路解析】项目管理计划需要经过相关方批准，但批准后仍然会因各种情况而出现变更，因此选项 D 的表述是错误的。

本题容易错选 C。选项 C 的表述是正确的，"项目执行数据"即工作绩效数据，记录在各种项目文件中；工作绩效数据是项目实际执行情况的记录，而不是执行所基于的计划，因此不包含在项目管理计划中。

【参考答案】D

例题 1.62 项目经理正在收集正式的项目需求。在进行相关方访谈后，项目经理意识到有些目标与项目章程中的目标不一致。根据在启动阶段获得的信息，项目经理必须高度关注该项目，以保持符合预算限制。若要管理需求并满足相关方的期望，项目经理应该怎么做？
A. 将相关方的期望与项目章程中的目标调整一致
B. 扩展项目章程以包含新识别到的目标
C. 删除项目章程中与相关方目标不一致的目标
D. 忽视可能超出项目章程中详述的范围的相关方目标

【思路解析】从题目中可以看出，项目章程已经制定好，项目完成了启动阶段，处于规划阶段。

很多读者不理解何为"收集正式的项目需求"。所谓的"正式需求"，就是和项目章程中包含的"高层级需求"相对应的内容。"高层级需求"指比较核心的概要性需求，往往并不具体，确定高层级需求是制定项目章程过程中的工作。而"正式需求"必须是具体的，是高层级需求的进一步明确化和细致化；以此为基础，我们才能完成定义范围、创建 WBS 等一系列工作。

本题的情况是，相关方表达的具体需求和已经列入章程的概要性需求出现了不一致。这时必须明确，章程代表着关键相关方已经达成的共识，因此权威性更强，不应该轻易调整。因此，选项 B 和选项 C 可以直接排除掉。

选项 A 和选项 D 在原则上都没问题，二者相比，选项 A 的方法"调整期望"明显好于选项 D 的态度"忽视"。项目经理应该和相关方沟通，表示对他提出期望的理解，向他解释章程的内容和严肃性，让他接受章程中已经达成的共识，这样做既尊重了相关方，又管控了他的期望，最能促进相关方合理参与项目。

【参考答案】A

例题 1.63 项目经理希望将项目目标传达给团队，获得他们的承诺，并说明每个相关方的角色与职责。若要完成这些工作，项目经理应该做什么？

A. 开展团队建设活动

B. 召开团队开工大会

C. 制定基本规则，并告知团队，让团队了解期望

D. 要求团队查阅项目管理计划，以了解项目

【思路解析】这正是开工大会要解决的问题，在开工大会上公开"拍拍胸脯"，是展示对项目承诺的最好方式。

【参考答案】B

第 2 章
需求与范围领域

2.1 访谈

1. 应用解析

访谈（Interview）是一种数据收集工具，**特点是通过与相关方的直接交流获得信息**。典型的做法是由访谈者向被访者提出预设和即兴的问题，并记录其回答。

访谈可以采取当面沟通的方式，也可以通过电话、邮件等方式；可以一对一进行，也可以包括多个访谈者和被访者。与其他数据收集工具相比，访谈能够获得更加深入的，甚至具有一定敏感性的信息。为了得到真实可信、不带偏见的反馈，访谈应在信任和保密的环境下开展。

除了可以用于收集需求，访谈也经常用于识别和分析风险、识别相关方等场合。根据需要，被访者可以多种多样：发起人和其他高管、项目团队、主题专家（SME）、其他相关方等。

2. 经典例题

例题 2.1 项目经理加入一个新项目，该项目涉及目标相互冲突的多个相关方，发起人告知项目经理一位相关方比其他相关方更有话语权，项目经理希望确保在核实项目范围之前收集所有相关方的目标和需

045

求。项目经理应该做什么？

A. 与各相关方进行单独访谈

B. 召开相关方研讨会

C. 使用专家判断

D. 安排工作跟随活动

【思路解析】项目涉及很多相关方，但是其中一个人更有话语权，那么，要想真实、充分地收集需求，就要规避这个人强势话语权的影响。进行单独的访谈，比召开研讨会更能够获得真实反馈。

【参考答案】A

例题 2.2 识别相关方，最好采用以下哪种方法？

A. 一次就识别出全部的相关方

B. 对已识别的相关方进行访谈，识别出更多的相关方

C. 与相关方一起解决问题

D. 对他们的能力进行评估

【思路解析】识别相关方的过程是持续迭代进行的，对已识别的相关方进行访谈，有助于识别出更多的相关方。

【参考答案】B

2.2 焦点小组

1. 应用解析

焦点小组（Focus Group）是一种数据收集工具，做法是将符合要求的一组人聚集在一起，通过他们之间的互动讨论，获得需要的信息。

焦点小组的参与者一般是预定的相关方和主题专家，需要一个受过训练的主持人负责引导提问方向、观察参与者的行为，并对沟通进行记录。这种半结构化的讨论形式比一对一访谈更有利于互动交流，从而挖掘出更多的信息。

2. 经典例题

例题 2.3 发起人拒绝批准项目章程，因为定义的业务需求不明确。项目经理有一个月的时间来收集更多的信息，并重新提交项目章程以供批准。项目经理应该如何收集更详细的业务需求？

A. 参考核对单

B. 查看经验教训库

C. 进行访谈和焦点小组会议

D. 召开冲突管理会议

【思路解析】项目经理要收集更详细的业务需求，访谈和焦点小组作为数据收集工具都可以达到这个目的。

【参考答案】C

例题 2.4 项目经理希望为一个新项目进行风险评估。项目经理应该如何收集所有相关信息？

A. 标杆对照

B. 焦点小组会议

C. 多标准决策分析

D. 思维导图

【思路解析】标杆对照和焦点小组都属于数据收集工具，可以用来收集各种信息。对于风险评估来说，显然焦点小组更为合适。参与焦点小组的相关方、主题专家可以充分互动、互相启发，深入发表对风险的看法。

【参考答案】B

2.3 需求跟踪矩阵★★

1. 应用解析

需求跟踪矩阵（Requirements Traceability Matrix）是一个二维表格，把产品需求从其来源连接到能满足需求的可交付成果，常见形式见下表。

需求跟踪矩阵								
项目名称								
成本中心								
项目描述								
编号	关联编号	需求描述	业务需要、机会、目的、目标	项目目标	WBS可交付成果	产品设计	产品开发	测试用例
001	1.0							
	1.1							
	1.2							
	1.2.1							
002	2.0							
	2.1							
	2.1.1							
003	3.0							
	3.1							
	3.2							
004	4.0							
005	5.0							

需求跟踪矩阵是个非常重要的工具，因为它围绕着需求建立起了一条跟踪链条，联系起了需求的来龙去脉，即业务需求/商业需求/期望↔具体需求↔可交付成果。

"需求"是项目管理学习中极其重要的概念。《指南》中关于需求的不同表述容易混淆，在此明确整理一下：

- 需求，对应的英文是"Requirements"，一般指对项目成果较为具体、细化的要求。
- 商业需求/业务需求，对应的英文是"Business Needs"，指高层级的、本质的、概要的诉求，即项目带来的根本价值。

需求跟踪矩阵的作用：

- 向上联系：将具体需求连接到其来源，即商业需求/业务需求。这是为了确保每个需求都能带来价值。

- 向下联系：将具体需求连接到用来满足此需求的可交付成果，后者是项目的产出，是验收的对象。这是为了确保每个需求都能与成果相对应。

在项目的整个生命周期中，高层级的商业需求/业务需求一般较为稳定，而具体需求可能产生更多的变化；使用需求跟踪矩阵，可以确保需求跟踪链条不断，让每项需求都不偏离其根本价值，并且有成果在项目结束时都能交付。

验收环节经常需要用到需求跟踪矩阵，以便向客户展示每一个需求都得到了满足，以及每个成果都有价值。

2. 经典例题

例题 2.5 项目经理已经识别到相关方的高层次商业需求。该项目有大量相关方，每个相关方都有不同的需求集，包括法律、环境、规模、内部和安全。项目经理希望在整个项目生命周期将这些需求与它们的起源相联系。项目经理应该使用什么？

A. 调查　　　　　　　　　B. 需求原型

C. 需求跟踪矩阵　　　　　D. 工作分解结构（WBS）

【思路解析】项目经理已经识别到相关方的高层级需求，而诸多相关方都有不同的具体需求。项目经理希望将这些具体需求与其起源（也就是高层级需求）相联系，这就是需求跟踪矩阵的作用。

【参考答案】C

例题 2.6 一个大型项目正处于收尾阶段，客户拒绝签署同意项目可交付成果，提及之前从未讨论过的需求，项目经理要求与客户开会以讨论该问题。在会议之前应该查阅下列哪一项？

A. 工作绩效数据　　　　　B. 验收标准

C. 经验教训储存库　　　　D. 需求跟踪矩阵

【思路解析】问题的焦点是客户提及的这个需求，在开会前项目经理应该确认一下它到底是新增的还是原来就有的。最好的方法就是查看需求跟踪矩阵。需求跟踪矩阵把客户的具体需求向上连接到高层级需求，向下连接到能够满足需求的可交付成果。

此题容易错选 B，验收标准是可交付成果要通过验收必须满足的一系列条件，可以引用需求跟踪矩阵作为条件之一，但并不包含需求的详细情况，不能代替需求跟踪矩阵的作用。

【参考答案】D

例题 2.7 项目经理应使用什么工具来向客户证明最终产品需求满足业务需求（对应的英文为 Business Needs）？

A. 工作分解结构　　　　　B. 项目范围说明书
C. 需求跟踪矩阵　　　　　D. 项目管理计划

【思路解析】项目经理要证明的，是具体需求（产品需求）能够满足高层级需求（业务需求），使用需求跟踪矩阵的向上跟踪链条即可说明。

项目范围说明书里面只有定义好的范围，没有连接关系。

【参考答案】C

例题 2.8 一个专业的项目团队正在管理一个大型项目。上个月，工程顾问提交了最初的设计计划给客户审查，项目经理得知该设计因未能满足客户需求而被拒绝。若要确保更有利的结果，项目经理应该事先做什么？

A. 制定项目章程　　　　　B. 召开项目启动大会
C. 创建需求跟踪矩阵　　　D. 执行相关方分析

【思路解析】典型的"问事先"，需要分析问题的根本原因再加以解决。

初步设计是对成果的初步定义，被客户拒绝的原因是没有满足需求，即成果和需求之间没有建立起充分的联系。如果事先创建过需求跟踪矩阵，就可以建立起连接关系，保证所有需求都有设计上的可交付成果去满足，这个问题就解决了。

【参考答案】C

2.4 标杆对照

1. 应用解析

标杆对照（Benchmarking）是一种数据收集工具，做法是将自身的成果和工作与相关领域的最佳实践进行比较，从而获得参考、找到差距，并提出方法、弥补不足。这一方法来自1979年美国施乐公司在复印机领域向日本竞争对手学习的过程。

标杆对照最早是作为质量管理工具出现的。在规划质量管理的过程中，人们经常用标杆对照的方法来制定项目的质量标准、学习先进的方法。但目前其应用范围已经不仅限于质量领域，比如在收集需求的过程中，向现有的产品进行参考、借鉴，也是一种标杆对照。

建立团队 → 确定标杆对照范围 → 选择标杆对象 → 收集整理信息 → 分析差距寻找原因 → 确定改进目标 → 确定改进方案 → 执行方案跟踪结果

2. 经典例题

例题 2.9 以下哪个方法涉及把本项目计划要采取的做法与其他项目的做法进行比较，来识别最佳做法，形成改进意见？

A. 实验设计　　　　　　B. 标杆对照

C. 过程改进　　　　　　D. 统计抽样

【思路解析】这就是标杆对照的基本方式。无论哪个领域，寻找一个榜样来参考学习以供自身改进，都可以认为是标杆对照。

【参考答案】B

例题 2.10

一家公司想要设计和制造其第一款机器人产品。项目团队成员对机器人的了解有限，不知道如何定义和控制产品性能。若要确保产品性能，项目经理应该怎么做？

A. 使用专家判断　　　　　B. 更新质量测量指标

C. 开展统计抽样　　　　　D. 执行标杆对照

【思路解析】"第一款"意味着组织没有历史经验数据可供参考，团队知识又比较有限，因此不知道如何"定义和控制产品性能"，但还要确保产品性能。

定义性能，是要确定产品的功能性指标，属于范围管理领域。控制性能，是要实现预期的功能性能指标，属于质量管理领域。这两个领域都可以应用标杆对照作为工具：了解一下别人的机器人产品是如何设计的，以此为参考进行需求收集和范围定义，也就是定义产品性能。同样，参考其他的质量管理方法，能够帮助组织控制产品的质量。

这道题恰好呼应了标杆对照两个典型的应用领域，一个是收集需求，另一个是对质量进行管理和改进。

注意，这里不要选专家判断，虽然让专家来发表意见也有一定价值，但标杆对照明显是更适合的专用工具，有专用工具的情况下，我们就不选专家判断这个"万金油"工具。后续"4.1 估算与专家判断"会详述专家判断这个工具。

【参考答案】D

例题 2.11

以下关于标杆对照的说法都是正确的，除了：

A. 识别可比项目的最佳实践，提出本项目的质量改进意见

B. 建筑项目不能用软件开发项目的做法作为标杆

C. 可以为本项目的绩效考核提供一个基础

D. 可以据此确定项目质量标准

【思路解析】很多领域的管理方法都具有普适性，尤其是质量领域。不同性质的项目之间完全可以互相借鉴质量管理的方法，比如全面质量管理

（TQM）、六西格玛等方法都应用到了多个行业中。

【参考答案】B

2.5 观察和交谈

1. 应用解析

观察和交谈（Observation/Conversation）是指直接察看他人在各自的环境中如何执行工作和实施流程，通过这种方式来获取信息。

观察和交谈是作为人际关系与团队技能出现的，可以用于收集需求，也可以用在沟通管理、相关方管理等领域发现问题、解决冲突，以及确定合适的方法。

在收集需求时，如果产品的使用者不愿意表达需求，或者客观上无法清晰地表达需求，就特别需要通过观察来了解他们的工作细节。观察也称为"工作跟随"，可以采用旁站观察的方式，也可以作为"参与观察者"实际参与工作，通过切身体验来挖掘真实需求。

观察和交谈的一大特点是由收集需求的主体（项目团队）通过观察来自己总结出对方的需求，而其他收集需求的方法的特点是由被收集的对象主动表达需求。

2. 经典例题

例题 2.12 在以下哪种情况下，应该采用观察的方法来收集项目相关方的需求？

A. 相关方的数量很少时

B. 需要用渐进明细的理念来开发需求时

C. 相关方不愿或不能说明他们的需求时

D. 需要组建焦点小组时

【思路解析】相关方主观上"不愿"或者客观上"不能"说明需求，是观察和交谈这个工具最典型的应用场景。

【参考答案】C

例题 2.13

你正在开发一款 VR 游戏应用程序，目标是 7 岁到 12 岁的孩子。有些孩子很难表述他们的需求，而另一些孩子则不愿意配合当前收集需求的工作。你应该怎么做？

A. 使用主题研讨会，让孩子们一起定义产品需求。有效引导的研讨会将改进关系，并促进沟通

B. 在使用类似的应用程序时观察孩子们，让他们体验使用应用程序原型时的感觉

C. 组织个人的头脑风暴会议，并将通过这些会议产生的想法整合到思维图中，从而反映孩子之间的共性和差异

D. 开始创建用户故事，描述相关方的角色：哪个相关方将从不同的功能中受益，他需要实现什么，以及他期望获得什么利益

【思路解析】你想要收集小朋友的需求，但他们很难表达出需求或者不愿意配合，那么组织研讨会、头脑风暴当然就不可行了。选项 D 的创建用户故事体现了敏捷的思维方式，但本题并不涉及开发方法的选择，用户故事只是需求的不同表现形式，创建用户故事同样要以了解用户的需求为前提。

最好的方法是观察，就是给小朋友们一个类似的产品去体验，你通过对他们体验时的行为举止的观察来整理并总结出需求。同时，这里也使用了下面要讲到的工具——原型法。

【参考答案】B

2.6　原型法 ★

1. 应用解析

原型法（Prototypes）是指在实际制造产品之前，先造出该产品的实用模型，并据此获得对需求的早期反馈。

典型的原型包括：

- 实体模型、微缩产品：如硬件产品在正式开模具前往往需要制作多轮手板模型以供体验和调整。

- 计算机图形或模拟：如定制家具前根据客户的描述生成三维模拟，以及各种互联网产品在开发时都普遍使用工具绘制原型，从而展现产品的内容、功能和交互方式。
- 故事板（Story Board）：也就是常说的"分镜头"。在影视领域，人们通过这种方式把文字形式的剧本转化为影像形式以供沟通确认。

原型法的基本思维方式是用形象化的方法来沟通需求，不是给相关方提供抽象的文档和口头描述，而是提供一个具象的仿真版本或样本版本给相关方体验和反馈。通过这种方式进一步收集和验证相关方的需求，其效果远远超过抽象的讨论。

需要注意的是，收集需求并不是一问一答的一次性过程，而是对需求进行反复了解、讨论和验证的渐进明细的过程。原型法是其中的关键工具。现在越来越多的新产品都使用原型法进行开发。经过"模型创建—用户体验—收集反馈—原型修改"的多次循环，项目团队可获得足够的信息，项目则进入设计或制造阶段。

从风险管理的视角看，开发原型进行验证是一种"减轻"策略，降低了产品不能满足用户需求的风险（详见本书"9.8 风险应对策略"）。

2. 经典例题

例题 2.14 一家公司正在冒险进入一项新业务，但之前在该市场中没有经验，项目经理应使用什么工具或技术来收集需求？

A. 原型法　　　　　　B. 专家判断

C. 产品分析　　　　　D. 制定决策

【思路解析】由于没有经验，因此缺乏可供借鉴的组织过程资产。此时，项目经理可以使用原型法来收集需求。选项 C 的产品分析包括系统工程、价值工程等方法，是在收集需求之后，在制约因素限制下，从已经收集的需求中进行"裁剪"而定义范围的工具，不适用于收集需求。

【参考答案】A

例题 2.15 将预期产品的实用模型提供给相关方进行测试并获得他们的反馈，之后，项目经理可完成以下哪一项？

A. 变更请求　　　　　B. 项目管理计划
C. 需求文件　　　　　D. 项目章程

【思路解析】原型法属于收集需求阶段，得到的结果记录在需求文件中。

【参考答案】C

例题 2.16 一家公司计划使用新技术升级其信息系统以提高生产力和竞争力。公司开展了概念验证并制造了一个原型。这种风险应对策略属于下列哪一项的实例？

A. 接受　　　　　　　B. 回避
C. 减轻　　　　　　　D. 转移

【思路解析】使用原型法可以更好地验证技术与需求，降低技术风险和需求不明确的风险，属于"减轻"策略。

【参考答案】C

例题 2.17 一个敏捷团队的任务是开发一款智能牙刷。项目经理希望确保在产品被实际建造之前，团队能够收到关于需求的早期反馈并相应地调整设计。项目经理应该使用以下哪一项来实现这个目标？

A. 原型设计　　　　　B. 设计审查
C. 核对单　　　　　　D. 商业论证

【思路解析】迭代型生命周期强调通过持续的原型开发来改进产品或成果。每一个新的原型都能带来相关方新的反馈，同时也能增强团队对于产品的认识。

【参考答案】A

2.7　问卷调查

1. 应用解析

问卷调查（Questionnaire）是指设计一系列书面问题请受访者回答，从而批量、快速地收集信息的过程。它可以用于收集需求，也可以用于收集客户满意度或其他各种信息。

问卷调查非常适用于以下情况：

- 受访者地理位置分散。
- 受访者多样化。
- 需要快速完成信息收集。
- 需要开展统计分析。

在各种数据收集工具中，问卷调查是唯一一种可以支持量化统计分析的方式。通过一部分用户（样本）的回复，我们可以定量地、合理地推断全部用户（总体）的情况；当然，这样做的前提是样本的选择和问卷的设计要符合统计学规范。

2. 经典例题

例题 2.18 一家公司计划改进其计算机系统，为其用户提供增值功能。项目经理需要从位于全球各地的大量员工那里收集需求，并且需要快速周转。项目经理应该怎么做？

A. 要求所有相关方参与虚拟研讨会

B. 与选中的客户一起召开现场研讨会

C. 向海外员工分发问卷调查

D. 确保收集需求符合时间限制

【思路解析】受访者数量多、地域分散且需要快速完成，完全符合问卷调查的特征。

【参考答案】C

例题 2.19 项目经理必须为政府编制一份工厂生产能力报告。这份报告将通过对 400 家工厂的总经理进行调查而创建，并且必须在四个月内完成。然而，根据现有资源和调查每位总经理所需的时间，该项目预计需要一年时间。项目经理应使用什么工具或技术来满足预期期限？

A. 进度压缩　　　　　　B. 快速跟进
C. 标杆对照　　　　　　D. 统计抽样

【思路解析】如果采用直接向全部受访者收集信息的方法，会突破时间的约束，因此可以采用统计抽样的方式，用部分样本代表总体，从而节约时间。

【参考答案】D

例题 2.20　一个地理位置分散的团队成功完成了一个项目。项目经理希望快速获得团队的统计分析反馈。项目经理应该使用下列哪种方法？

A. 视频会议　　　　　　B. 焦点小组会议
C. 调查问卷　　　　　　D. 电子邮件

【思路解析】地理位置分散、快速、统计分析，这几个要素都指向问卷调查的方式。

【参考答案】C

2.8　范围说明书 ★

1. 应用解析

项目范围说明书（Project Scope Statement）详细记录了相关方对范围达成的共识。

项目范围说明书与项目章程中范围的相关内容存在一定程度的重叠，但更为详细。项目章程中仅包含高层级的扼要信息，代表着项目启动时相关方的共识；而在进入规划阶段后，经过正式的范围管理过程，相关方的共识进一步明确，体现在项目范围说明书中。

较为详细的项目范围说明书可以包含下列内容：

- 产品范围的描述。
- 可交付成果，包括主体成果和辅助性成果（如项目管理报告和文件）。
- 验收标准，即可交付成果通过验收时必须满足的一系列条件。

- 除外责任，明确说明哪些内容不属于项目范围，这有助于控制范围蔓延和管理相关方的期望。

需要注意的是，项目范围说明书的内容可能直接列出，也可能参引其他文件，如验收标准可能是"完成需求跟踪矩阵中列入的所有需求""完成WBS 中的所有工作包"。因此，**项目范围说明书并不取代需求跟踪矩阵、WBS 的作用**。

2. 经典例题

例题 2.21 项目经理被任命管理一个现有项目，需要了解项目可交付成果，项目经理应该参考下列哪一份文件？

A. 项目章程　　　　　　　B. 项目需求规范
C. 项目范围说明书　　　　D. 项目进度表

【思路解析】项目章程和项目范围说明书都包括可交付成果的相关内容，但项目章程中只是概述，而项目范围说明书中关于可交付成果的描述会进一步明确和细化。

【参考答案】C

例题 2.22 以下哪个文件会明确说明那些被排除在项目之外的内容？

A. 工作分解结构　　　　　B. 项目范围说明书
C. 项目范围管理计划　　　D. 工作分解结构词典

【思路解析】"排除在项目之外的内容"即除外责任，是项目范围说明书的重要内容。

【参考答案】B

陈老师注 项目的范围往往是使用文字来说明的，文字在表达和解读上可能存在歧义，这就使范围描述可能出现模棱两可的空间，这对项目团队来说一般是不利的。除外责任通过明确排除掉一些工作，可以挤压模糊空间，并且管控相关方的预期，在实际工作中相当有价值。

例题 2.23

一家组织必须执行一个具有明确目标的项目，但由于缺乏知识，发现难以确定具体需求。项目经理应该做什么？

A. 创建并获得工作分解结构（WBS）的批准

B. 建议推迟项目，直至可以定义更多规范为止

C. 制定技术规范以供发起人核实和批准

D. 定义初步范围说明书，用于项目规划

【思路解析】从收集需求到定义范围，工作往往并不是一次性完成的，而可能通过多轮的迭代实现渐进明细。对于本题中的情况，项目经理可以先定义一个初步的项目范围说明书，再进行不断验证和细化（比如，可能使用前面讲到的原型法）。

选项 A 的逻辑是错误的，创建 WBS 是范围定义以后才能开展的工作，本题连具体需求都难以确定，无法直接将范围拆分为 WBS。

选项 B 的做法太消极了，推迟等待会错过项目机会，更好的做法是渐进明细。

【参考答案】D

例题 2.24

项目经理与项目团队开会收集需求。团队成员向项目经理询问相关方是否熟悉项目的假设条件、制约因素和可交付成果。哪一份文件将概述这些信息？

A. 项目范围说明书　　B. 工作说明书（SOW）

C. 项目章程　　　　　D. 建议邀请书（RFP）

【思路解析】本题很容易错选为项目范围说明书。确实，"假设条件、制约因素和可交付成果"都可以是项目范围说明书的内容。但题目提到了"正在收集需求"，意味着规划工作刚刚开始，此时还并未形成项目范围说明书；此外，项目范围说明书中关于范围的内容应是详述而非概述的。

本题应该选择项目章程。项目章程除了给项目经理授权以外，还记录了项目一些重要的、关键的信息，如项目的目的、成果、高层级需求、高层级的假设条件和制约因素、基本的进度和成本约束等，符合题目所说的"概述

这些信息"。

【参考答案】C

例题 2.25 项目经理被任命管理一个将开始实施阶段的现有项目。在查看规划文件时，他发现一些需求并未包含在项目范围说明书中，项目经理接下来应该怎么办？

A. 在制定工作分解结构的过程中制定漏掉的需求
B. 修改项目范围说明书并开始执行
C. 遵循变更管理流程
D. 与项目发起人碰面重新定义产品需求

【思路解析】项目经理发现了项目范围说明书的遗漏，这个问题需要解决，但项目经理不能直接动手调整，因为项目范围说明书代表着相关方对范围的明确共识，是经过批准的，属于受控的项目文件，需要通过变更管理流程来进行修改。

选项 A 和选项 B 都属于直接调整范围，从程序上否定掉。选项 D 的做法是没必要的。从题目可知，现在的问题并非需求不准确，而是已经明确定义好的需求在后续的工作中被遗漏了。

【参考答案】C

例题 2.26 项目团队刚刚收到发起人批准的项目范围说明书，下一步要做什么？

A. 编制产品说明　　　　B. 举行开工会议
C. 创建范围基准　　　　D. 创建网络图

【思路解析】在项目范围说明书被批准后，团队需要对范围进行分解，形成工作分解结构（WBS）和 WBS 词典，从而创建项目的范围基准以作为后续规划和执行的依据。此后，项目管理计划在全部编制完成后，再通过开工会议被发布出去。

【参考答案】C

2.9 工作分解结构（WBS）★

1. 应用解析

工作分解结构（Work Breakdown Structure，简称 WBS）是对可交付成果和项目工作的层级分解。如下图展示的是飞机系统的工作分解结构。

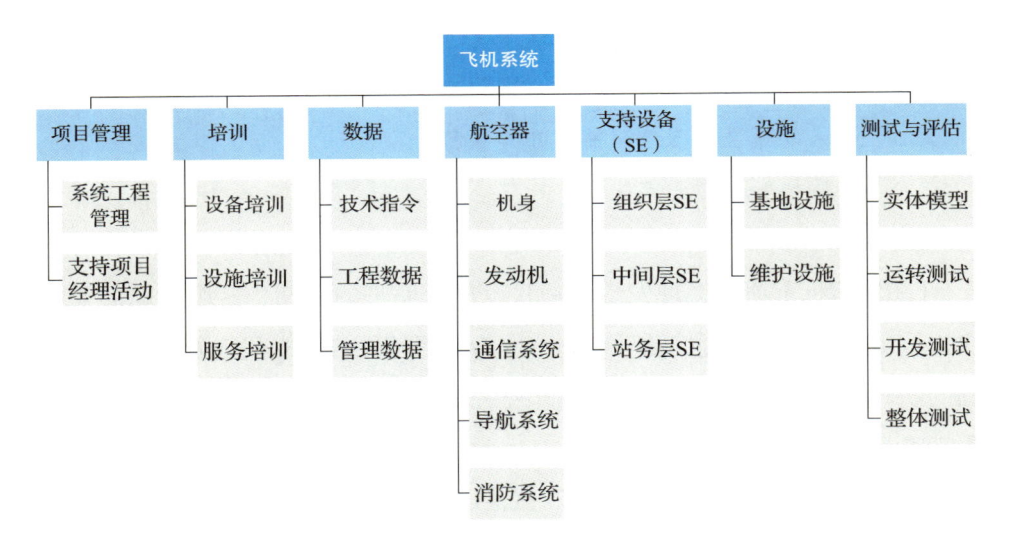

```
                              飞机系统
    ┌──────┬──────┬──────┬──────┬──────┬──────┬──────┐
  项目管理  培训   数据   航空器  支持设备  设施  测试与评估
                                  （SE）
  系统工程  设备培训 技术指令 机身   组织层SE  基地设施  实体模型
   管理
  支持项目  设施培训 工程数据 发动机  中间层SE  维护设施  运转测试
  经理活动
           服务培训 管理数据 通信系统  站务层SE           开发测试
                           导航系统                     整体测试
                           消防系统
```

（1）WBS 的意义

WBS 组织并定义了项目的总范围，代表着已批准的项目范围说明书中所规定的工作。在"工作分解结构"这个词语中，"工作"是指作为活动结果的工作产品或可交付成果，而不是活动本身。

把可交付成果分解成较小的、更易管理的组件，可以提高成本、时间及资源估算的准确性，便于进行明确的职责分配，更有利于为绩效测量与控制定义基准。

此外，项目范围说明书中一般使用文字形式对范围进行描述，这难免会产生一些模糊空间；而 WBS 则使用结构化的方式对范围进行进一步细分，大大压缩了模糊空间，可以避免相关方对成果产生误解。

（2）WBS 的构成

- **工作包**：WBS 最底层的元素称为工作包，其中包括计划的工作。每个工作包需要指定唯一的负责人。工作包是项目范围分解的最小单元，为后续进行进一步估算和规划，以及开展监督与控制提供基础。

- 规划包：对于工作内容已知但详细进度活动未知的任务，暂时保留为规划包。当信息逐渐充分以后，规划包需要继续拆分细化为工作包，这体现了渐进明细的思维方式。

（3）工作结构分解的原则和方法

工作结构分解的基本原则是 MECE（Mutually Exclusive Collectively Exhaustive），即"相互独立、完全穷尽"，包含两个含义：

- 独立性：同一层的 WBS 元素之间相互独立，不产生交叉重叠，一个元素有且只有一个上层元素；这要求在分解过程中同一层采用一致的逻辑。
- 完整性：同一层的 WBS 元素加总，应该完全等于上层单元的工作内容（也称为"100% 原则"）；这要求在分解过程中不漏掉某项，确保完整、周密。

工作结构的分解可以按照不同的方式进行，例如：

- 以项目生命周期的各阶段作为分解的第二层。
- 以可交付成果作为分解的第二层。

（4）WBS 词典（WBS Dictionary）

WBS 仅包含逻辑结构和工作包/规划包的名称，而各个元素的详细内容记录在一个配套文件中，即 WBS 词典，在国内习惯称为附录。

WBS 词典为 WBS 提供支持，详细描述每个元素的可交付成果、活动和进度等信息，其中大部分信息由其他过程创建，然后在后期添加到词典中。

（5）范围基准

经过批准的项目范围说明书、WBS 和相应的 WBS 词典共同构成了项目的范围基准。

范围基准是项目管理计划的重要组成部分，也是评价项目绩效的基础，只有通过正式的变更控制程序才能对其进行变更。

2. 经典例题

例题 2.27

项目发起人批准了一个应用程序开发项目的范围。项目经理应该怎么做将范围组织进更小的单元？

A. 创建一份活动清单

B. 定义范围基准

C. 制定一份工作分解结构（WBS）字典

D. 执行分解

【思路解析】"将范围组织进更小的单元"就是创建 WBS，这时使用的工具是"分解"。

【参考答案】D

例题 2.28

下列哪一项不是 WBS 可接受的形式？

A. 以项目生命周期各阶段作为分解的第二层，把产品和项目可交付成果放在第三层

B. 以主要可交付成果作为分解的第二层

C. 使用工作包作为分解的第一层

D. 纳入由项目团队以外的组织开发的各种较低层次组件（如外包工作）

【思路解析】工作包是 WBS 的最底层元素，不能作为第一层出现。

【参考答案】C

例题 2.29

在 WBS 中，项目被分解到工作包。下列哪一项关于工作包的表述是不正确的？

A. 可以评估完成工作包所需要的资源

B. 可以估算该工作包的工期和成本

C. 可以包含一个或多个可交付成果

D. 逻辑上不可以再继续分解

【思路解析】工作包是工作结构分解过程中人为选择的最底层元素，其颗粒度取决于项目所需要的管理精细度，并非要分解到无可再分才好。项目工作的分解要在精细度和管理成本之间找到适合本项目的平衡点。

所以，工作包在逻辑上当然是可以进一步分解的。在进度管理工作中，工作包就要进一步分解为进度活动。

【参考答案】D

例题 2.30 一个大型项目的工作分解结构显示，二级项目计划几乎没有提供有关活动、依赖关系和所需资源的信息。若要评估项目持续时间，项目经理应该做什么？

A. 制定 WBS 字典 B. 执行自下而上估算

C. 分析资源分解结构（RBS） D. 制定资源日历

【思路解析】题目中描述的这些内容应该记录在 WBS 词典中。WBS 词典是对 WBS 中的各个元素的详细说明。

【参考答案】A

例题 2.31 工作分解结构（WBS）编码系统具有以下作用，除了：

A. 按照编码区分项目工作的优先级

B. 展现 WBS 中各元素的关系

C. 识别每个 WBS 元素在哪个层级

D. 与组织分解结构和资源分解结构进行整合

【思路解析】WBS 的编码系统主要用于展现 WBS 元素的层级和隶属关系，如一个元素的编码为 2.1.3，可以识别出它属于拆分的第三个层级，并且上层节点是编码为 2.1 的元素。编码并不用于区分优先级。

【参考答案】A

例题 2.32 下面哪些属于范围基准的组成部分，除了：

A. 范围管理计划 B. 项目范围说明书

C. 工作分解结构 D. WBS 词典

【思路解析】范围管理计划是关于如何开展范围管理工作的程序性计划，而范围基准是对项目范围的实体性描述，包含项目范围说明书、WBS 和 WBS 词典。

范围基准是在范围管理计划的指导下开发完成的，并不包含范围管理计划。

【参考答案】A

例题 2.33 项目已经确定了明确的范围，项目经理开始将范围分解为更细的模块以供实施，这时，一个重要相关方提出在需求中增加一项内容，项目经理应该做什么？

A. 先分解，然后在实施过程中进行变更

B. 提出变更请求

C. 接受增加新内容

D. 拒绝增加新内容

【思路解析】项目经理开始创建 WBS 时，相关方提出了范围变更的建议。项目经理应该先将这个变更纳入整体控制流程来处理，而不能先创建 WBS 再变更，因为范围一旦变化，原来的分解也就失去意义了。

处理变更是 PMP 考查中极其重要的情景，关于变更的情景识别和应对思路，可参见《情景模拟》"3.1　要求变更 / 私自变更"的详细解析。

【参考答案】B

第 3 章

进度领域

3.1 活动排序方法

1. 应用解析

排列活动顺序是进度管理中非常重要的工作。在为两个活动排序时，经常使用的相互关联的工具有三种，下面我们将其归并来介绍。

（1）确定和整合依赖关系（Dependency Determination and Integration）

这个工具用于确定两个活动之间是否存在相互制约的依赖关系，以及判断依赖关系的类型。依赖关系可以按照下面两种逻辑来划分：

第一，按照强制性来划分。

- 强制性依赖关系/硬逻辑关系：由工作的内在性质决定，或者由强制性要求（法律法规、合同）规定的依赖关系。这种类型的依赖关系通常不能改变，比如原型制造—测试、审批—开工、切菜—炒菜，活动之间的依赖关系不能改变。
- 选择性依赖关系/软逻辑关系：按照以往项目经验或者偏好安排的依赖关系。这种类型的依赖关系可以改变。比如擦桌子—扫地，在习惯上将擦桌子作为前序活动，但颠倒过来执行并不违反任何强制规定。

第二，按照被依赖的活动划分。

- 外部依赖关系：项目活动与非项目活动之间的关系。这种依赖关系往往不在项目团队的控制范围内。例如，进行产品测试取决于外部采购设备的到货情况；建筑项目的开工取决于管理部门的审批情况。
- 内部依赖关系：项目活动之间的关系。这种依赖关系通常在项目团队控制范围内。

在排列活动顺序的过程中，项目管理团队应明确哪些依赖关系属于外部依赖关系，对外部的强制性依赖关系要尤其加以重视。

这个工具的名字包含"确定"和"整合"两个并列的动词，是因为既需要通过分析来确定依赖关系，也需要进行整合思考；尤其对于选择性依赖关系，项目管理团队是有一定选择空间的，这时就要综合多种因素，从总体上判断如何安排活动顺序。

（2）紧前关系绘图法（Precedence Diagramming Method，简称 PDM）

紧前关系绘图法是创建进度模型的一种技术，用节点表示活动，用一种或多种逻辑关系连接活动，从而显示活动的实施顺序。

每个活动都有一个开始时间和一个完成时间。紧前关系绘图法可以帮我们认识到活动之间具体的制约关系到底反映在开始还是完成上，具体有如下四种逻辑关系的类型：

- 完成到开始（FS）：紧前活动的完成，制约着紧后活动的开始。

例如，设备运输活动的完成，制约着设备安装活动的开始。

- 完成到完成（FF）：紧前活动的完成，制约着紧后活动的完成。

例如，文件编写活动的完成，制约着文件编辑活动的完成。

- 开始到开始（SS）：紧前活动的开始，制约着紧后活动的开始。

例如，讲课活动的开始，制约着听课活动的开始。

- 开始到完成（SF）：紧前活动的开始，制约着紧后活动的完成。

在实际中较少使用。

两个活动之间可能同时存在两种逻辑关系（例如，SS 和 FF 经常同时存在），但在排序时一般只选择影响最为显著的关系。

（3）提前量和滞后量（Leads and Lags）

提前量和滞后量在分析紧前关系的基础上，确定紧后活动相对于紧前活动可以提前或需要推迟的时间量。

- 提前量（Leads）：相对于紧前活动，紧后活动可以提前的时间量。

提前量表示在条件许可的情况下提早开始紧后活动的时间。例如，设备运输活动的完成制约着设备安装活动的开始，但安装活动可以在运输活动完成前两小时就提前开始。

提前量缩小了两个活动之间的间隔时间，用"–"表示。

- 滞后量（Lags）：相对于紧前活动，紧后活动需要推迟的时间量。

滞后量表示在某些限制条件下，在紧前活动和紧后活动之间增加一段不需工作或资源的自然时间。例如，铺设水泥活动的完成制约着家具进场活动的开始，但后者需要在前者结束后等待 3 天才能开始，这就体现为 3 天的滞后量。

滞后量加大了两个活动之间的间隔时间，用"+"表示。

上述三个工具的连续应用，让我们对活动之间的关系的认识逐步加深。

- 确定和整合依赖关系：明确两个活动之间是否存在制约关系，以及属于何种类型。
- 紧前关系绘图法：考虑活动之间具体的开始和结束的制约关系。
- 提前量和滞后量：更加详细地分析制约关系。

全部分析完成后，项目团队将得到项目进度网络图，即以逻辑关系的方式呈现的活动关系，这是此后进行关键路径分析的基础。

2. 经典例题

例题 3.1 在施工现场获得验收之前，一项关键的项目活动是寻求当地主管部门的批准。项目经理在安排项目进度时应该做什么？

A. 避免将该活动放在关键路径上

B. 执行确定和整合依赖关系

C. 获得专家判断

D. 在风险登记册中添加一个新风险

【思路解析】应该分析验收和批准这两个活动之间的依赖关系（肯定是外部的，应该也是强制的），并将其体现在进度计划中，这个过程就是"执行确定和整合依赖关系"。

A "避免将该活动放在关键路径上"未必能够做到，因为关键路径存在客观因素制约，不能随意调整。

选项 D，如果在进行风险管理时识别到了这个批准无法完成的可能性，那么可以记录为一个风险，但题目中并未给出这个意思，这也不是进度管理的工作，因此排除选项 D。

【参考答案】B

例题 3.2 为了加快项目进度，你决定在全部的文件编写工作结束之前 3 天就开始文件印刷的版面设计工作。这是一种什么逻辑关系？

A. 带时间滞后量的开始到开始关系

B. 带时间提前量的完成到开始关系

C. 带时间提前量的开始到开始关系

D. 带时间滞后量的完成到开始关系

【思路解析】从题目表述看，文件编写是版面设计的紧前活动，而且二者之间属于完成—开始关系，即文件编写的结束制约着版面设计的开始，现在将紧后活动提前进行，属于提前量的应用。

【参考答案】B

例题 3.3

滞后量的含义是？

A. 不影响项目总工期的前提下，活动可以拖延的总时间

B. 不影响紧后工作最早开始时间的前提下，活动可以拖延的总时间

C. 等待时间

D. 与紧前工作并行的时间

【思路解析】滞后量的含义就是在紧前活动完成后应该增加的等待时间，这段时间使得紧后工作不能马上开始。

【参考答案】C

3.2 关键路径法 ★★

1. 应用解析

关键路径法（Critical Path Method，简称 CPM）是一种项目进度的规划方法，用于在进度模型中估算项目的最短工期，并确定逻辑网络路径的进度灵活性大小。

在项目计划中，贯穿始终且持续时间最长的活动路径称为关键路径，其对应于项目可以完成的最短时间。复杂项目可能有多条等长的路径同时成为关键路径，这时它们共同决定项目工期。

关键路径上的活动没有任何间歇的空间，只要活动出现延迟，项目工期必然延长。而其他路径上的活动，一般有一些自由空间，称为浮动时间（Floating Time）。

- 总浮动时间（Total Floating Time）：一个活动延迟多久不会影响项目总工期。
- 自由浮动时间（Free Floating Time）：一个活动延迟多久不会影响它的紧后活动。

不难判断，自由浮动时间一定小于或等于总浮动时间。如果题目中并未指明"浮动时间"是自由浮动时间还是总浮动时间，一般应理解为总浮动时间。

在一个活动出现延迟的情况下，延迟时间和浮动时间的关系，决定了它们对项目的影响：

- 延迟时间小于或等于自由浮动时间：不影响紧后活动，也不影响总工期。
- 延迟时间大于自由浮动时间，但小于或等于总浮动时间：紧后活动延迟，但不影响总工期。
- 延迟时间大于总浮动时间：紧后活动延迟，总工期也发生延迟。

正常情况下，关键路径的自由浮动时间和总浮动时间均为零。

既然关键路径的时间决定项目工期，那么，**要缩短项目工期，就必须向关键路径要时间**。初步做出的项目进度计划往往不满足相关方的需求，这时，首先要识别到关键路径，再采用进度压缩技术缩减关键路径的时间。

2. 经典例题

例题 3.4 项目经理最近正在实施一个项目。假设此项目关键路径有 10 天，下面哪一项对项目时间没有影响？

A. 如果此项目只有一条关键路径，你能够使用新工具减少关键路径一天的时间

B. 如果此项目只有一条关键路径，在项目延期时，你不得不增加关键路径一天的时间

C. 如果项目有两条关键路径，你可以使用新工具减少其中一条关键路径一天的时间

D. 如果此项目只有两条关键路径，在项目延期时，你不得不增加其中一条关键路径一天的时间

【思路解析】当项目有多条关键路径时，仅减少其中一条关键路径的时间，不足以改变项目总工期。但如果其中一条关键路径的时间延长，项目的总工期将随之延长。

【参考答案】C

例题 3.5 一名项目团队成员报告说因为和她配合的技术人员离职了,需要重新招募替代人员,因此活动原定的开始时间需要顺延2周。因为项目对公司非常重要,这个突发情况导致管理层很紧张。作为项目经理,你在汇报项目进展时却坚持说项目可以按期完成,不必担心。你可以这样说的依据是?

A. 活动处于关键路径上,你会重点关注

B. 活动处于非关键路径上,并且总浮动时间大于2周

C. 活动处于非关键路径上,无论如何不会影响总工期

D. 活动处于关键路径上,团队可以加班赶回来

【思路解析】你能够有把握说活动顺延两周而不影响总工期,首先可以判断这项活动处在非关键路径上,因为关键路径上的活动一旦顺延,总工期肯定改变。其次,如果这项活动的总浮动时间大于两周,就可以包容它出现两周的顺延而不影响总工期。

【参考答案】B

例题 3.6 项目经理管理一个进度紧张、预算有限的关键性任务项目。其中某些活动是其他活动的关键依赖。若要保持约定的项目进度基准,应密切监控下列哪一个部分?

A. 风险及其减轻计划 B. 关键路径上的活动

C. 整体变更控制 D. 由较少经验的资源执行的任务

【思路解析】肯定要优先关注关键路径上的活动,确保其不出现延误。因为,关键路径的活动如果出现延误,项目工期就肯定延误;而非关键路径的活动,即使出现了延误,也有浮动时间可以包容,未必直接延误工期。

【参考答案】B

例题 3.7 活动A、B的开始时间不受限制,分别历时2周和3周;A和B完成才可以开始C,C需要3周时间;D需要4周时间,但必须在B完成后开始;只要C和D都结束,项目就可以完成。A因为资源

不到位开始时间比计划晚了 3 周，这将导致：

A. 项目总工期延误 3 周

B. 项目总工期延误 2 周

C. 项目总工期延误 1 周

D. 项目总工期不变，但 C 活动浮动时间减少 1 周

【思路解析】首先根据题意画出项目进度网络图：

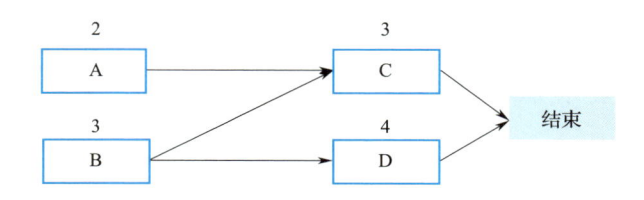

画图后不难看出项目有 A—C、B—C、B—D 三条路径，其中 B—D 是关键路径，项目总工期为 7 周。活动 A 推迟 3 周开始后，关键路径变为 A—C，项目总工期变为 8 周，出现了 1 周的延误。

也可以从浮动时间的角度思考：A—C 路径原有 2 周总浮动时间，活动 A 推迟 3 周开始后，消耗掉了这 2 周的总浮动时间，这使 A—C 升级为关键路径，还把总工期额外延长了 1 周。

【参考答案】C

例题 3.8 项目经理了解到，为完成活动 C 所需的资源不能立即提供，如果不采取任何行动，这将使活动延误 3 天，这对你的项目有什么影响？

A. 减少浮动时间

B. 资源受限

C. 完工日期延误 1 天

D. 完工日期延误 3 天

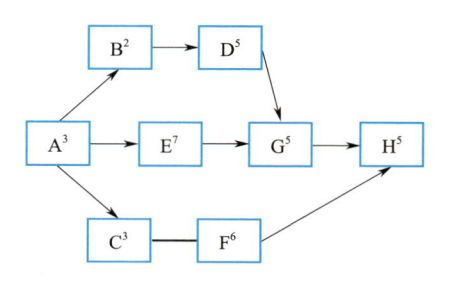

【思路解析】目前项目有如下几条路径：① A—B—D—G—H，长度为 20 天；② A—E—G—H，长度为 20 天；③ A—C—F—H，长度为 17 天。可见，①②两条路径并列为目前项目的关键路径，项目工期为 20 天，而路径③有 3 天的浮动时间。

活动 C 的延误仅影响路径③，使其长度由 17 天变为 20 天。这一变动的结果是，三条路径并列为项目的关键路径，项目总工期为 20 天，并未延长。但路径③的浮动时间已经由 3 天减少为 0。

【参考答案】A

例题 3.9 项目进行了两个月，一位团队成员告诉项目经理，他需要在某个活动上多花一些时间。项目经理发现，该活动唯一的影响是非关键路径上的另外一个活动。客户对工期要求非常严格。那么，项目经理接下来应该做什么？

A. 与该成员讨论其对非关键路径的影响，以及是否影响关键路径

B. 询问该成员为什么需要额外的时间，然后遵循变更流程，对进度基准进行相应调整

C. 评估对质量的影响，削减不必要的项目范围，增加资源

D. 了解是否有相关方反对该变更，评估实际的影响，并将该成员调离团队

【思路解析】当某个活动出现延误，仅影响非关键路径上的另一个活动时，项目经理应该首先明确这种影响的幅度，判断是否会用尽浮动时间而影响关键路径，再根据这个判断决定后续的处理方式。

选项 B 中，项目经理进行询问并了解相关情况是没问题的，但直接申请调整进度基准不妥。这个延误未必影响进度，即使真的可能影响进度，项目经理需要做的也是先努力把进度拉回正轨，而非直接申请放宽基准（关于这一理念，可参见《情景模拟》"3.10 绩效判断与改善"）。

选项 C 用削减项目范围来解决问题，属于削足适履，违反了价值观。

【参考答案】A

3.3 进度压缩 ★★

1. 应用解析

进度压缩（Schedule Compression）是加快项目进度的工具，包含两种具体方式：赶工和快速跟进。这两种方式有着不同的思维和适用条件。

- 赶工（Crashing）：增加资源来缩短活动的持续时间。

赶工着眼于缩短活动的持续时间，手段包括加人、加班、加急，共同结果就是要"加钱"，也就是会增加成本。

PMI最提倡的赶工方式是增加资源（人手）的数量，不太提倡加班。因此，赶工的前提是有额外资源可以投入。如果项目的成本绩效已经欠佳，那么一般不能采用赶工的方式；在项目的成本绩效良好的情况下，则要优先考虑赶工。

- 快速跟进（Fast Tracking）：将本来串行的活动改为并行。

快速跟进的思路是调整工作顺序，将惯常情况下先后顺次进行的活动调整为（至少部分）同时进行。这样做可以不需要投入额外资源，所以在项目成本绩效欠佳的情况下，只能考虑快速跟进。快速跟进的主要弊端是降低质量和增加风险。

执行快速跟进还有一个重要的前提，那就是活动之间的依赖关系必须是软逻辑/选择性；如果依赖关系是硬逻辑/强制性，则无法使用。

当然，无论是赶工还是快速跟进，都必须包含关键路径，如此才能压缩项目总进度。

2. 经典例题

例题 3.10 项目落后于进度，发起人和项目经理沟通，强调使用额外资源也要按期完成项目，这时项目经理应该怎么做？

A. 快速跟进　　　　　　B. 使用提前量与滞后量
C. 赶工　　　　　　　　D. 使用关键链法

【思路解析】发起人要求按期完成项目，所以需要使用进度压缩工具把已经落后的进度拉回正轨；"可以使用额外资源"提示选择赶工。

赶工和快速跟进这两种方式，在有额外资源可以投入的情况下，要优先选择赶工。

【参考答案】C

例题 3.11 任务 B 依赖于任务 A，而任务 A 延迟了。任务 B 的资源可用性有限，必须按时开始任务 B。项目经理应该如何重新安排进度计划以使最终期限保持不变？

A. 快速跟进任务 B 并立即开始工作

B. 对任务 A 赶工，并在计划的时候开始任务 B

C. 重新计划任务 B 的开始日期，让其可以在 A 任务完成后开始

D. 快速跟进任务 A 并移动任务 B 的开始日期

【思路解析】"任务 B 依赖于任务 A"意味着无法将任务 A 和任务 B 的串行关系变成并行关系，即不能快速跟进任务 B；而"任务 B 的资源可用性有限"意味着没有更多资源可以投入，不能对 B 进行赶工。既然如此，要保证任务 B 的按时启动，还是只能从任务 A 这里想办法：可以对任务 A 赶工，保证任务 B 按照原定日期开工即可。

【参考答案】B

例题 3.12 项目主管担心一个计划驱动的项目可能无法实现其完成日期。若要减轻这个问题，项目经理应该做什么？

A. 制定资源分解结构（RBS）

B. 应用资源平衡

C. 采用开始到开始（SS）任务关系来加速关键路径活动

D. 重定进度基准和资源管理计划

【思路解析】要减轻项目进度延误的风险，可以使用进度压缩技术。选项 C 的做法是采用"开始到开始"关系来替代常规的"完成到开始"关系，相

当于对关键路径的活动进行快速跟进，可以达到加快进度的目的。

选项 A 与进度无关。选项 B 的资源平衡是让进度为关键资源让路，只会延长工期。选项 D 重定进度基准不是积极的态度，而且基准需要经过批准才能变更。

【参考答案】C

例题 3.13 当压缩进度时，你可以向关键路径的活动增加资源。另外，还必须同时考虑以下哪项？

A. 有自由浮动时间的活动　　B. 安排给其他关键活动的资源

C. 出现新的关键活动　　D. 历时最长的活动

【思路解析】"向关键路径的活动增加资源"即采用赶工的方式加快关键路径的活动，这可以缩短关键路径；赶工的同时还要考虑一种可能，即原有的关键路径时间压缩以后，本来次长的路径升级为新的关键路径，这样赶工所节约出的时间就不等于项目压缩的进度。

【参考答案】C

例题 3.14 客户要求项目经理在 60 天内交付项目，而之前原本计划在 90 天内交付，没有可以并行执行的活动，请求的变更已经获得变更控制委员会的批准。若要满足这项要求，项目经理应该做什么？

A. 为项目进度计划创建应急储备

B. 对项目进度计划赶工

C. 在项目进度计划中创建项目阶段

D. 快速跟进项目进度计划

【思路解析】项目需要把工期从 90 天压缩到 60 天，意味着需要使用进度压缩技术。题目已经告知"没有可以并行执行的活动"，因此不能使用快速跟进，只能采用赶工的方式。

【参考答案】B

例题 3.15 用户验收测试比进度计划落后 25%，这项活动在项目的关键路径上，如延迟将显著影响项目的进度。项目经理决定对这项活动进行赶工。项目经理下一步应该做什么？

A. 更新组织过程资产（OPAs）和事业环境因素（EEFs）
B. 查阅相关方参与计划和相关方登记册
C. 审查问题日志，并招募新的测试资源
D. 提交获得额外资源的变更请求

【思路解析】赶工需要额外投入资源，这往往涉及对成本基准等计划的变更，应该通过变更控制流程进行批准。

【参考答案】D

更多内容和例题，详见《情景模拟》"3.10 绩效判断与改善"。

3.4 资源优化 ★

1. 应用解析

资源优化（Resource Optimization）：虽然包含资源两个字，却是一个进度工具。它通过调整部分活动的执行时间，更好地处理资源和进度之间的关系，从而实现项目全局的最优。资源优化包括资源平衡和资源平滑两种方式。

资源平衡（Resource Leveling）：在关键资源有限的情况下，将部分活动向后推迟以解决资源受限的问题。但此做法会改变关键路径，延长项目总工期。

从根本上讲，资源平衡是一种解决冲突的方法。如果当前的进度计划和硬性的资源约束之间存在冲突（如关键资源只在特定时间可用、数量有限、过度分配），就可以使用资源平衡，通过向后移动部分活动来解决冲突。当然，这样做是以进度为代价的。

资源平滑（Resource Smoothing）：在进度不受影响的情况下，通过移动一部分活动的时间，实现资源的削峰填谷，从而让不同时段的资源用量更加均衡。资源平滑不改变关键路径，不延长完工日期。

从根本上讲，资源平滑是一种优化方法，利用活动的浮动时间来优化资源配置。但由于有不延长进度的限制，此方法可能无法实现所有资源的优化。

在必要的情况下，项目团队也可以使用资源平衡来均衡不同时间段的资源使用量，即付出一些进度代价，实现资源的削峰填谷。

资源平衡和资源平滑这两个概念理解起来有些抽象，把握住一个关键点即可——资源平衡一定会改变关键路径，而资源平滑不改变关键路径。此外，资源平衡在考查里出现的概率明显更高。

2. 经典例题

例题 3.16 一位项目经理正在规划项目，他在创建计划来说明项目人力需求怎样满足。他在使用一种叫作资源直方图的条形图来图表化这些需求。然而，他发现资源直方图中某些个人进度条超过了最大允许时间。项目经理需要怎样做来纠正？

A. 缩小范围　　　　　　　B. 增加工作时间
C. 资源平衡　　　　　　　D. 进度压缩

【思路解析】资源直方图显示的是不同时间的资源使用量。"某些个人进度条超过了最大允许时间"的意思是这些资源被过度分配了，这是不能被接受的。因此，项目经理必须把一部分活动向后错开，使资源在任何时间的用量都不超过其最大可用量，这就是资源平衡的方式，即在资源存在硬性约束的情况下，进度为资源让路。

【参考答案】C

例题 3.17 以下关于资源平衡的说法都是正确的，除了：

A. 在项目各时段中平均分配资源，以便制订出平稳的进度计划
B. 根据资源制约因素来调整进度计划
C. 解决同一资源在同一时间被分配至两个工作的问题
D. 在保持关键路径不变的前提下，调整项目进度计划

【思路解析】选项 D 是资源平滑的思路，不是资源平衡。

选项 B 和选项 C 是资源平衡最主要的特征，即认为关键资源是硬约束，让进度为资源让路，结果是关键路径改变、项目进度延长。选项 A 的含义是削峰填谷，一般使用资源平滑来达到这一目的，但也可以利用资源平衡的方式来实现，即付出一定的进度代价获得资源在不同时段使用量的均衡性。

【参考答案】D

例题 3.18 项目 A 的项目经理处于项目型组织中，必须在不影响成本或创造风险的情况下同项目 B 分享关键资源。在制订进度管理计划时，项目经理应考虑什么？

A. 快速跟进　　　　　B. 资源平衡

C. 专家判断　　　　　D. 蒙特卡洛模拟

【思路解析】两个项目要共享关键资源，前提是不影响成本、不创造风险，那么就不能采用赶工或快速跟进的方式，而要使用资源平衡——让两个共享资源的活动前后错开，避免争夺，其结果是工期会延长。

【参考答案】B

例题 3.19 编制项目计划时项目经理发现资源已过载，但无法获得更多的资源，工期还有一定的余量，项目经理最好去：

A. 将非关键路径改为关键路径

B. 快速跟进项目

C. 实施资源平衡

D. 实施资源平滑

【思路解析】需要解决的问题是"资源过载"，关键制约因素是"无法获得更多的资源"。制约因素只能适应而不能推翻，因此应该使用资源平衡，主动将一部分活动后移来避免资源过载。这样做的结果是原有工期会延长，而工期恰好有一定余量，因此做法是合理的。

【参考答案】C

3.5 滚动式规划

1. 应用解析

滚动式规划（Rolling Wave Planning）是一种迭代式的规划技术，思路是详细地规划近期需要完成的工作，同时在较高级别上粗略地规划远期的工作。

滚动式规划体现了渐进明细的思想，不追求把所有工作都一步到位地规划清楚，而是先聚焦在近期需要完成的工作上，对这些活动进行比较细致的规划，而对远期活动仅进行相对粗略的规划。随着项目活动的展开，项目团队对工作的了解进一步深入，同时参照计划的执行情况和环境变化，再逐渐细致地规划未来的活动。

敏捷的产品开发方法就是典型的滚动式规划。已知的需求以用户故事的形式记录在产品待办列表中，在每次冲刺开始前，按优先级排序选择最重要的用户故事，对其进行分解和开发，而不是一次性地把所有工作都规划清楚。

2. 经典例题

例题 3.20 项目经理必须确定项目的完成日期，虽然大多数活动都是已知的，但由于产品交付日期未知，某些工作包无法安排。项目经理应该使用什么来向相关方提供完工日期估算？

A. 滚动式规划 B. 蒙特卡洛模拟
C. 分解 D. 计划评审技术（PERT）

【思路解析】这就是滚动式规划的典型应用。因为产品交付日期不清楚，有些依赖于这个日期的工作（比如产品发布会）就无法进行详细安排，只能等到项目信息进一步清晰的时候再进行确定。

这个问题只有用渐进明细的思路才能解决，用蒙特卡洛模拟、三点估算都是无法实现的，因为制约完工日期的关键因素还不清楚。

【参考答案】A

例题 3.21 以下哪一个描述符合滚动式规划的特征?

A. 从工作包向上滚动到 WBS 更高层级的规划方法

B. 只规划一个阶段的工作,完成后滚动到下一个阶段开始新的规划

C. 按照项目涉及各专业领域,完整滚动一圈来完成规划

D. 根据项目信息的不断收集,规划包变成工作包的过程

【思路解析】前文"2.9 工作分解结构(WBS)"讲到,在创建工作分解结构时,对于工作内容已知但详细进度活动未知的任务,应暂时保留为规划包,待信息收集充分以后,再将规划包继续拆分为工作包,这实际就是一种滚动式规划。

【参考答案】D

例题 3.22 以下所有说法都是正确的,除了:

A. 随着情况的变化,项目管理计划需要渐进明细、反复修正

B. 渐进明细是随信息的逐渐增加、情况的逐渐明了而不断进行的

C. 滚动式规划是渐进明细的一种常用方法

D. 如果不能在一开始就明确所有细节,项目很可能会失败

【思路解析】选项 D 的思维与渐进明细恰好相反。

【参考答案】D

第 4 章

成本领域

4.1 估算与专家判断 ★★

1. 应用解析

PMP 考题中专门有一类题型要求选择估算的方法，备选答案通常包括四种主要估算方法和专家判断，因此，我们将这几个工具归并讲解。由于考查估算最常见的场景是成本，故此归类在成本领域；实际对于进度和资源的估算，选择思路是一致的。

（1）类比估算（Analogous Estimating）：参考历史项目信息

类比估算直接使用组织的类似项目信息来做参考。它的优点是速度快，投入的时间和精力少；缺点是准确性不高。在项目的早期需要快速给出一个粗略估算的时候，项目团队往往就要使用类比估算；而在需要精确估算的场合，类比估算是不适用的。

类比估算的使用前提是要有历史项目信息可供参考。如果题目里明确告知没有历史信息，就不能使用类比估算；如果没有明确说是否有历史数据，那么可以使用。

（2）参数估算（Parametric Estimating）：建立简单数学模型

所谓"数学模型"，其实就是一个简单的数学公式。比如，总成本 = 数

量 × 单位成本，总工时 = 工作量 × 单位工时。

和类比估算比起来，参数估算更加准确，当然投入的时间和精力也要多一些。建立数学模型要以过去项目中各因素之间的量化关系作为参考，因此，使用参数估算同样也需要历史数据。参数估算的准确程度取决于模型的正确性和所取参数的准确程度。

（3）自下而上估算（Bottom-up Estimating）：基于 WBS 自下而上汇总

自下而上估算以建立好的 WBS 为基础，首先对单个工作包或活动的成本进行估算，然后再自下而上逐级汇总得到总体估算结果。不难理解，自下而上是最为精确的估算方法，同时为进行估算而需要投入的时间和精力也是最多的。

由于自下而上估算以 WBS 的建立为前提，如果是在项目的启动期需要进行估算的话，自下而上估算是无法使用的，这个时候往往用的是类比估算或参数估算。

从类比估算到参数估算，再到自下而上估算，估算越来越精确，同时花费的时间和精力也越来越多，在项目中使用的时机也越来越晚。一般而言，在项目生命周期中，估算的准确性也将随着项目的进展而逐步提高。

这三种估算可以被认为是一大类思维。

（4）三点估算（Three-point Estimating）：同时考虑多种可能以应对不确定性

上面三种估算方法并未强制考虑不确定性的影响，而三点估算是为了应对不确定性而设计的。完成某个工作所需的进度、成本、资源难免会受到不确定性的影响，而在面对不确定性时，人们的判断往往会受到非理性的影响，比如受到自身心态的悲观/乐观倾向影响（本书的两位作者在估算从同一个地方去机场时间的时候，就经常出现相差一倍的情况）。

为了克服这种影响，三点估算要求同时考虑最悲观、最乐观、最可能这三种情况：

- 最乐观估算：基于活动的最好、最顺利情况所得到的估算。

- 最可能估算：假设一切情况正常所得到的比较现实的估算。
- 最悲观估算：基于活动的最差情况（不包括重大灾难）所得到的估算。

在利用上述三种情况进行活动的估算时，又有两种计算方法：

- 三角分布：估算＝（最乐观＋最可能＋最悲观）÷3。
- 贝塔分布：估算＝（最乐观＋4×最可能＋最悲观）÷6，增加了最可能情况的权重。

在题目中，三点估算经常被等同于计划评审技术（PERT）；三点估算确实是计划评审技术的核心思维，但后者的范畴实际要远大于三点估算。

在第七版《指南》中，三点估算被称为"多点估算"：当单个活动估算存在不确定性时，多点估算通过应用乐观估算、悲观估算和最可能估算的平均值或加权平均值来评估成本或工期。

（5）专家判断（Expert Judgment）：请专家发表意见

专家判断是基于某些专业知识而做出的，关于当前活动的合理判断。这里的"专家"是指具有专业知识或培训经历的个人或小组，并不需要很高的头衔。"判断"这个翻译容易引起误解，认为是由专家做出决定，实际上，"判断"应该理解为发表意见，决定应该由项目经理在整合专家意见的基础上做出。

专家判断是个"万金油"式的工具，几乎所有场合都可以使用。但在选择工具时，它的优先级非常低，**如果存在更加适用于当前场合的专用工具，就不要选择专家判断**。因为PMI的思维方式是优先用专业的、有针对性的工具去解决问题，专家判断毕竟还是依赖于人的主观看法。

此外，专家判断也不适用于解决期望相冲突的问题。两个相关方对成果或其他要素的期望不同，是源于双方的立场和诉求不同，这属于共识上的问题，并不是一个专业技术问题，双方还是要通过沟通来达成共识。

（6）应用场景总结

上面的各种方法都有自己适合的应用场景。

- 类比估算：当题目中提及"早期""详细信息不足""粗略的""高层级的""时间紧迫"时，优先选择；如果明确说明没有历史信息，则不能选。
- 参数估算：题目中提及"模型""统计方法"时，优先选择。
- 自下而上估算：在需要精确估算，或者已经建立了WBS时，优先选择；项目早期一般无法使用。
- 三点估算/PERT：在提及"最悲观、最乐观、最可能""风险""不确定性"时，优先选择。
- 如果上述都不合适，可以选择专家判断。

2. 经典例题

例题 4.1 发起人需要项目经理进行快速的估算，他应该使用哪种方法？

A. 自下而上估算　　　　　B. 三点估算

C. 参数估算　　　　　　　D. 类比估算

【思路解析】一旦提到快速估算，就只有一个选择——类比估算。

【参考答案】D

例题 4.2 为了确定项目成本，项目经理利用一个过往类似项目的实际成本（AC）。项目经理使用的是哪一种估算技术？

A. 参数估算　　　　　　　B. 类比估算

C. 自下而上估算　　　　　D. 三点估算

【思路解析】使用过往类似项目的信息，属于类比估算。

【参考答案】B

例题 4.3 项目经理完成了某个镇上的一个项目，这个项目让公司损失100%。项目经理所在公司目前正在筹备同一个镇上另一个项目的投标建议书，管理层让项目经理提供粗略的估算，让公司可以投标该新项目。投标必须在三天内完成。在这种情况下，项目经理应提供下列哪一项估算类型？

A. 类比估算　　　　　　B. 参数估算

C. 三点估算　　　　　　D. 准备金分析

【思路解析】在情景化的题目中我们要总结关键点。管理层要求项目经理进行粗略的估算，又必须快速完成，这两点都指向类比估算。题目的情景其实就是告诉我们，有历史项目信息可供参考——虽然历史上这个项目亏得很惨，但是作为估算的参考是没问题的。这道题可谓是给出了"三保险"让我们去选类比估算。

【参考答案】A

例题 4.4 对比几种估算活动持续时间的方法，下列表述正确的是？

A. 类比估算比自下而上估算的成本低，通常准确度也低

B. 参数估算法是估算每项活动的持续时间的最理想的方法

C. 专家判断法估算整个项目的工期通常是最可靠的

D. 用三点估算法公式得出的期望值就是确保能够完成该项工作的时间

【思路解析】类比估算的优点是方便、快捷、成本低，缺点就是不够准确，故选项 A 正确。选项 D 是错误的，三点估算法得出的期望值是考虑了不确定性以后的全面估计，但不保证能够完成。

【参考答案】A

例题 4.5 以下哪个最好地描述了参数估算？

A. 先估算出各活动的成本，再汇总至工作包和控制账户的成本

B. 先估算出各时间段的成本，再加总得到整个项目的成本

C. 依据过去项目所表现出来的各因素之间的量化关系来预测项目成本

D. 利用专家判断，由资深专家进行项目的成本估算

【思路解析】参数估算就是依据历史项目的数据，建立因素之间的量化关系（"数学模型"），从而预测本项目的成本。

【参考答案】C

例题 4.6 项目经理估算开发新产品的成本。在最有可能的情景中，成本将会是 10000 美元；在最好情况下，成本将会是 9000 美元；在最坏情况下，成本将会是 17000 美元。如果利用 PERT 加权分析法，项目的预期成本将会是多少？

A. 9000 美元　　　　　　B. 10000 美元
C. 11000 美元　　　　　　D. 12000 美元

【思路解析】"利用 PERT 加权分析法"即使用三点估算中的贝塔分布，因此预期成本 =（9000+10000×4+17000）÷6=11000 美元。相对于三角分布，贝塔分布给"最可能的情况"设置了 4 倍的权重，属于加权算法。

【参考答案】C

例题 4.7 对于一个新的研发项目，必须估算一些有风险活动的成本。为了确保高准确性，项目经理应该使用什么估算技术？

A. 参数估量　　　　　　B. 类比估量
C. 质量成本（COQ）　　　D. 三点估算

【思路解析】题目中的关键词是"有风险"，因此应该选择三点估算以提高准确性。注意，准确性不同于精确性。

【参考答案】D

例题 4.8 创建项目章程的项目发起人需要已包含工作的成本估算，由于组织已经完成许多类似的项目，发起人寻求项目经理的帮助。项目经理应该使用什么来创建适合的估算？

A. 粗略量级估算　　　　B. 自下而上估算
C. 类比估算　　　　　　D. 专家判断

【思路解析】项目处在启动阶段，意味着这时只能进行相对粗略的估算；而"组织已经完成许多类似的项目"意味着有类似信息可以参考，因此选择类比估算。

【参考答案】C

陈老师注 《指南》提到过粗略量级估算（Rough Order of Magnitude，简称 ROM），其精确区间为 −25% 到 +75%，一般在启动时期使用，但并未作为专门工具列出，所以一般不选择。

例题 4.9 一个项目经理使用参数估算生成了高层级的项目预算，现在，为了说服客户，他需要更为精确的预算，他应该使用哪种方法？

A. 自上而下估算　　　　B. 三点估算
C. 自下而上估算　　　　D. 类比估算

【思路解析】项目经理使用参数估算生成了高层级（概要性的）项目预算，现在需要更为精确的预算，只有自下而上这一种方法。注意不要选成了自上而下，没有"自上而下估算"这种方法。

【参考答案】C

例题 4.10 在项目开始时，项目经理被要求准备一份快速、高层次成本估算。该项目经理之前从事过一个具有类似规模和复杂性的项目。项目经理应使用下列哪项工具或技术准备估算？

A. 三点估算和质量成本（COQ）
B. 卖方投标分析和群体决策技术
C. 专家判断和类比估算
D. 自下而上估算和储备分析

【思路解析】快速、高层次都指向类比估算，项目经理此前还有过相似项目的经验，因此类比估算肯定会成为选择。

此处只有选项 C 包含类比估算。选项 C 还包含专家判断，可以理解为让项目经理应用此前的经验来指导本项目，在逻辑上是没有问题的。

【参考答案】C

陈老师注 如果一个选项里面出现了很恰当的选择，又同时出现了不确定是否有用的选择，这个选项一般来说是可以选的，如本题；如果同时出现了明确错误的选择，这个选项就不要选。

例题 4.11 项目经理使用历史数据和统计估算方法执行成本估算。这应用了下列哪一项估算方法？

A. 三点估算　　　　　　　　B. 类比估算

C. 参数估算　　　　　　　　D. PERT 加权平均值

【思路解析】历史数据和统计方法都指向参数估算。

【参考答案】C

例题 4.12 在你的项目中，你估算单个活动或者工作包的成本，然后把这些细节性成本向上汇总到更高层次用于后续报告和跟踪。可以用到：

A. 自下而上估算　　　　　　B. 类比估算

C. 参数估算　　　　　　　　D. 自上而下估算

【思路解析】估算底层元素的成本，然后把这些成本向上汇总到更高层次，这就是自下而上估算的典型方法。

【参考答案】A

例题 4.13 项目发起人要求项目经理提供某项活动的乐观估算。项目经理应使用什么工具或技术？

A. 关键路径法（CPM）　　　B. 计划评审技术（PERT）

C. 图形评审技术（GERT）　　D. 活动箭线表示法（AOA）

【思路解析】"乐观估算"指示选择三点估算，等同于计划评审技术（PERT）。

【参考答案】B

例题 4.14 项目经理收到基于成本估算的已批准项目范围，并开始实施新的软件系统。实施时使用的是什么类型的成本估算？

A. 参数估算　　　　　　　　B. 自下而上估算

C. 粗略量级估算（ROM）　　D. 类比估算

【思路解析】这道题思路稍微复杂一些。项目经理收到了一个已批准的项目范围，而这个范围是基于成本估算的，因此我们可以知道，在这里范围和成本之间是一一对应的，这是典型的自下而上估算的思路——创建 WBS 以形成工作包，然后根据工作包估算成本，再进行累加形成项目预算。

【参考答案】B

> **例题 4.15**
> 创建工作分解结构时，项目经理必须分解一项名为"招标"的任务。项目经理使用什么来进一步细分任务？
> A. 石川图　　　　　　　B. 关键链法（CCM）
> C. 专家判断　　　　　　D. 类比估算

【思路解析】工作分解结构的创建应该交给最熟悉本领域的人进行，因此项目经理应请对招标过程最熟悉的人来发表专业意见，也就是使用专家判断。

【参考答案】C

> **例题 4.16**
> 由于项目涉及一个他们不熟悉的行业，项目经理很难定义其产品的质量标准和测量指标。项目经理应该做什么？
> A. 查询类似项目的经验教训
> B. 密切监督项目质量
> C. 拒绝项目经理的职位
> D. 带一位专家到项目团队

【思路解析】由于项目涉及不熟悉的行业，因此项目经理没有类似的项目经验教训可以查询，只能使用专家判断。目前在做的工作是规划质量管理，专家判断是这个过程中可以使用的工具。

【参考答案】D

4.2 挣值分析 ★★

1. 应用解析

挣值分析（Earned Value Analysis，简称 EVA）是一种数据分析工具，将实际进度和成本绩效与绩效测量基准进行比较，得到关于项目现状的判断和对未来的预测。

挣值分析方法在实际工作中非常有价值，但直接摆公式的学习方式很容易让人望而生畏甚至直接放弃。要想理解挣值，必须从思维方式出发，明白为何要将其引入项目的监控过程。

(1) 挣值的引入原因

挣值要解决的是项目的定量化监控问题。对于一个在执行中的项目，如何判断其进展状况？《指南》和 PMP 考试都使用"绩效"（Performance）这个词，其实就是项目的表现，主要指进度、成本的状况。

如何判断进度状况？合理的方法是：在某个时间点，判断范围的完成情况是否达到了计划。也就是时间相同，比较范围。

如何判断成本状况？合理的方法是：对于同样的工作范围，判断实际花费是否超过了计划。也就是范围相同，比较花费。

下面我们用现实项目作为例子，引入一个非常简单的工作，包含两个任务：

- 任务一：垒墙，工作量 10m，计划 10 天匀速完成，预算 1000 元 /m。
- 任务二：铺砖，工作量 100m^2，计划 10 天匀速完成，预算 50 元 /m^2。

假设目前的时间点为第 5 天结束，此时，按照计划应该完成的工作是垒墙 5m 和铺砖 50m^2。在如下三种工作情况下，如何判断进度的进展状况？

- 情况一：实际垒墙 4m，铺砖 40m^2；很容易判断，进度落后于计划。
- 情况二：实际垒墙 6m，铺砖 60m^2；同样很容易判断，进度超前于计划。
- 情况三：实际垒墙 6m，铺砖 40m^2；这时进度如何？

读者可能发现了，对于情况三无法回答，因为一项任务超前于计划而另一项落后于计划。在现实工作中，每个项目都由数量众多的任务组成，在进度上出现领先与落后的交织是再正常不过的了，在这种情况下如何判断整体进度呢？

这个问题的根本障碍是工作范围不可相互换算，如果能找到一种方式，把不同性质的工作都换算到同一个维度上加以比较，问题就迎刃而解了。这就是挣值诞生的原因。**挣值引入了一种思维方式，用工作在预算中的价值来代表工作量**，也就是说，把不同性质的范围都换算到预算价值这同一个维度加以比较。

(2) 用挣值判断进度

再回到刚才的例子，将工作换算到预算价值进行比较：

首先，计算计划值——此时应该完成的工作在预算中的价值。5m × 1000 元 /m+50m^2 × 50 元 /m^2=7500 元，这称为计划价值（Planned Value，简称 PV）。PV=7500 元的含义是，按照计划，此时应该完成在预算中价值 7500 元的工作量。

然后，计算实际值——此时实际完成的工作在预算中的价值。6m × 1000 元 /m+40m^2 × 50 元 /m^2=8000 元，这称为挣值（Earned Value，简称 EV）。EV=8000 元的含义是，此时已经完成在预算中价值 8000 元的工作量。

现在结论已经呼之欲出了，计算偏差——实际比计划多完成多少工作。EV–PV=8000 元 –7500 元 =500 元，这称为进度偏差（Schedule Variance，简称 SV）。SV=500 元的含义是，此时，实际比计划多完成了预算中价值 500 元的工作，结论是进度超前于计划。

注意，挣值的思维是以价值为基础的，所以进度状况并不是用时间单位，而是用费用（预算中的价值）来衡量的。

还可以计算工作的时间效率——相同时间完成的预算价值是计划的多少倍。EV ÷ PV =8000 元 ÷ 7500 元 =1.07，这称为进度绩效指数（Schedule Performance Index，简称 SPI）。SPI=1.07 的含义是，在此时，相同时间完成的预算价值是计划的 1.07 倍，工作效率超过预计。

(3) 用挣值判断成本

按照相同的思路，不难完成成本的计算。查阅财务数据，得知实际花费的单位成本为：垒墙 1100 元 /m，铺砖 45 元 /m^2。

已经完成的工作在预算中的价值就是挣值，上面已经计算过了，为 8000 元。

我们需要知道，已经完成的这些工作实际花了多少钱？6 m × 1100 元/m+40m² × 45 元/m²=8400 元。这称为实际成本（Actual Cost，简称 AC）。

计算偏差——预算价值比实际成本高多少？EV−AC=8000 元−8400 元 =−400 元，这称为成本偏差（Cost Variance，简称 CV）。CV=−400 元的含义是，此时，完成相同的工作比预算超支了 400 元。

计算使用资金的效率：EV÷AC=8000 元÷8400 元=0.9524，这称为成本绩效指数（Cost Performance Index，简称 CPI）。CPI=0.9524 的含义是，实际用 1 元钱能完成预算中价值 0.9524 元的工作。

（4）用挣值预测未来成本

挣值不仅可以判断项目当前的绩效，还可以对未来的成本进行预测。

如上面的情况，不难得出项目的总预算为 15000 元，这称为完工预算（BAC），到第 5 天结束时，PV=7500 元，EV=8000 元，AC=8400 元。

项目管理者会关心如下三个问题：

- 这个项目从现在开始还需要花多少钱才能完成？这称为完工尚需估算（ETC）。
- 这个项目完成的时候总计会花多少钱？这称为完工估算（EAC）。
- 这个项目完成的时候，成本偏差会是多少？这称为完工偏差（VAC）。

不难得知，这三个量之间的关系如下：

- 完工估算（EAC）= 完工尚需估算（ETC）+ 实际成本（AC）
- 完工偏差（VAC）= 完工预算（BAC）− 完工估算（EAC）

具体计算时，要分为两种情况进行讨论：

情况一：如果未来的资金使用效率与此前的工作相同（即未来的 CPI 与此前相同）。

这种情况下，项目全程资金使用效率都和前半段相同，可以直接使用完工预算计算：完工估算 = 完工预算 ÷CPI=15000 元÷0.9524=15750 元。

情况二：如果未来的资金使用效率恢复到预算时预计的水平（即未来的 CPI=1）。

这种情况下，完工尚需估算 = 未完成的预算 = 总预算 – 挣值 =15000 元 – 8000 元 =7000 元。

完工估算 = 完工尚需估算 + 实际成本 =7000 元 +8400 元 =15400 元。

（5）用挣值指导未来工作

由上可见，前半段的资金使用效率低于预期，项目如果不做调整，将面临超支风险。项目管理者还会关心这样一个问题：如果仍然希望在预算内完成项目，此后资金使用效率必须达到预算的多少倍（即 CPI 必须达到多少）？这称为完工尚需绩效指数（TCPI）。

首先，计算剩余预算：完工预算 – 实际成本 =15000 元 –8400 元 = 6600 元。

然后，计算目前剩余的工作量（以预算中的价值衡量）：完工预算 – 挣值 =15000 元 –8000 元 =7000 元。

完工尚需绩效指数 = 剩余工作量 ÷ 剩余预算 =7000 元 ÷ 6600 元 =1.06。

这意味着，如果后期资金使用效率能达到预算的 1.06 倍，项目就可以在预算内完成。

（6）总结挣值的思维方式

挣值的核心思想是用工作在预算中的价值来衡量其工作量，有三个基本量：

- 挣值（EV）：已经完成的工作在预算中的价值。
- 计划价值（PV）：计划完成的工作在预算中的价值，即此时的成本基准。
- 实际成本（AC）：已经完成的工作实际花费的成本。

基于上述三个基本量，可以计算出两组直接显示绩效状态的参数：

- 成本偏差（CV）/ 进度偏差（SV）：表现为绝对值，大于零有利，小于零不利，等于零为符合计划。

- 成本绩效指数（CPI）/进度绩效指数（SPI）：表现为相对值，大于1有利，小于1不利，等于1为符合计划。

挣值的判断方法同时考虑了范围、进度和成本的因素，用于衡量和管理项目绩效最为综合全面，因此，《指南》中提到的"绩效测量基准"就是指以挣值方法设定的基准。

更多有关挣值的解析和例题，可参见《情景模拟》中的"3.10 绩效判断与改善"。

2. 经典例题

例题 4.17　以下关于挣值分析表述正确的是：

A. 挣值也叫挣得值，是衡量项目实际挣得的利润
B. 挣值分析是用于项目完成时对项目绩效的评估
C. 挣值分析同时综合考虑进度和成本两个因素来评价项目绩效
D. 挣值分析可以根据项目任何时间点的绩效精确预测项目完工时的绩效

【思路解析】挣值分析的核心就是综合成本和进度（还包括范围）的因素来评价项目绩效并预测未来趋势。

挣值不涉及利润，因此选项A错误。挣值分析主要用于项目过程中的绩效评估，而不是项目完成时的绩效评估（完成时用挣值来评估进度还会产生问题），因此选项B错误。选项D是做不到的，挣值需要积累一定的数据量才能预测，这种预测也不可能完全精确。

【参考答案】C

例题 4.18　财务部门收到一个项目的发票，发票金额异常高。项目经理现在担心完工估算（EAC）可能会超过计划。项目经理下一步应该做什么？

A. 根据挣值（EV）评估项目绩效

B. 与相关方开会，讨论减少项目范围

C. 记录该信息，然后按照成本管理计划继续执行

D. 延迟批准发票的支付，并将该问题升级上报给高级管理层

【思路解析】收到发票金额异常高，就是实际成本（AC）很高，因此项目经理担心完工估算可能会超过计划。这种情况下，首先应该进行挣值分析，判断目前的实际成本支出是否符合计划，并且预测未来趋势。

选项 B 和选项 D 的行为本身都是错误的；选项 C 是对问题置之不理，也不能选。

【参考答案】A

例题 4.19 项目拟用的挣值管理规则应该在以下哪个文件中做出规定？

A. 项目成本管理计划　　　　B. 项目进度管理计划

C. 项目范围管理计划　　　　D. 项目变更管理计划

【思路解析】挣值管理的规则应该在项目成本管理计划中做出规定，如用于计算挣值的控制账户设定在哪个层级、活动挣值的判定方法等。

【参考答案】A

例题 4.20 在审查所有项目的财务业绩时，项目管理办公室（PMO）提出对一个项目感到担忧，根据项目所有者和相关方的反馈，项目经理确信项目表现良好。项目经理可以应用哪个指标来量化其假设？

A. 成本绩效指数　　　　　　B. 财务绩效

C. 挣值（EV）　　　　　　　D. 成本基准对比

【思路解析】Performance 被翻译为"绩效"或者"业绩"，指的就是项目的进度、成本等状况与计划的符合程度。题目问的是财务业绩，因此用成本绩效指数来说明是最合适的，这是一个量化的指标。

选项 C 中的挣值是中间量，必须和其他指标进行对比才能说明绩效情况，无法独立使用。

选项 B 不是项目指标。选项 D 是杜撰说法，不要选。

【参考答案】A

例题 4.21 项目阶段绩效评估，项目原计划到此时花费成本 100 万元，实际花掉的成本是 110 万元，你可以得出以下哪个结论？
A. 成本偏差为 −10 万元，项目成本处于超支状态
B. 进度偏差为 −10 万元，项目进度处于落后状态
C. 成本绩效指数小于 1，照此趋势，项目完成时会超出总预算
D. 信息不足，得不出以上任何结论

【思路解析】计划此时花费 100 万元是计划价值（PV），实际花费 110 万元是实际成本（AC）。

在挣值分析中，这两个值都要和挣值（EV）去比较，才能得到成本和进度的绩效。在它们之间进行的比较缺少基础（对应的工作范围可能不同），无法得出绩效信息，得不出选项 A、选项 B 和选项 C 的结论。

【参考答案】D

例题 4.22 某个预算为 200 万元的项目计划在第一年花掉 100 万元。经过一年，实际成本为 120 万元。经过评估，工作完成了总计划的 40%。项目主要相关方经讨论后决定就按当前项目绩效水平预测，那么完成项目还需要多少成本？

A. 120 万元　　　　　　B. 180 万元
C. 225 万元　　　　　　D. 300 万元

【思路解析】完工预算（BAC）=200 万元，第一年末的计划价值（PV）为 100 万元，实际成本（AC）为 120 万元，挣值（EV）为完工预算的 40%，即 80 万元。问"完成项目还需要多少成本"，也就是求完工尚需估算（ETC）。

成本绩效指数（CPI）=80 万元 ÷ 120 万元 =0.67，也就是资金的使用效率只有预算时的 0.67。所以，完工估算（EAC）= 完工预算（BAC）÷ 成本绩效指数（CPI）=300 万元；完工尚需估算（ETC）= 完工估算（EAC）− 实

际成本（AC）=300 万元 –120 万元 =180 万元。

另一种算法是先计算尚未完成的工作量在计划中的价值，即完工预算（BAC）减去挣值（EV），得到 120 万元；完工尚需估算（ETC）=120 万元 ÷ CPI=180 万元，结果相同。

【参考答案】B

陈老师注 "工作完成 ××%"一般指预算工作实际完成的比例，也就是挣值（EV）占完工预算（BAC）的比例。

例题 4.23 一个项目预算为 6000 万美元，预计需要 24 个月才能完成。12 个月后，该项目完成了 60%，并使用了 3500 万美元。那么预算和进度的状态如何？

A. 符合预算（On Budget），并超前于进度

B. 超出预算，并超前于进度

C. 符合预算和进度

D. 落后于进度，并超出预算

【思路解析】PV=3000 万美元，EV=3600 万美元，AC=3500 万美元，因此结论是进度提前，成本节约。"On Budget" 应翻译为"在预算内"，选项 A 是合适的。

【参考答案】A

例题 4.24 到目前为止本该完成 80% 的一个项目只完成了 75%，项目总预算为 100000 美元，已完成工作实际成本为 72000 美元。根据这些信息可以确定什么？

A. 该项目低于预算，其 SPI 为 0.94，CPI 为 1.04

B. 该项目超出预算，其 SPI 为 1.07，CPI 为 0.96

C. 该项目超出预算，其 SPI 为 0.94，CPI 为 1.04

D. 该项目低于预算，其 SPI 为 0.94，CPI 为 0.96

【思路解析】由题目信息可知：BAC=100000 美元，PV=80000 美元，EV=75000 美元，AC=72000 美元。

计算可得：SPI=EV÷PV=0.94，CPI=EV÷AC=1.04。结论是进度落后，成本节约。

【参考答案】A

例题 4.25 一个项目的完工预算（BAC）为 10 万美元。目前的项目报告显示该项目符合进度和预算。一位团队成员对相关工作包进行自下而上的估算，表明剩余工作将比原计划少用 1 万美元，并且仍能按进度计划交付。那么完工估算（EAC）是多少？

A. 9 万美元　　　　　　B. 10 万美元

C. 1 万美元　　　　　　D. 11 万美元

【思路解析】完工预算为 10 万美元，估计完工时会比计划少用 1 万美元（这就是完工偏差的概念），也就是用 9 万美元即可完成。

【参考答案】A

例题 4.26 一个完工预算 500 万元的项目，已经完成了 40% 的工作量，此时实际已花费 250 万元成本。公司规定用完工预算和成本绩效指数的比值来预测完工估算，请问下面关于完工偏差和完工尚需绩效指数哪个是正确的？

A. 完工偏差 125 万元，完工尚需绩效指数 0.8

B. 完工偏差 −125 万元，完工尚需绩效指数 0.8

C. 完工偏差 125 万元，完工尚需绩效指数 1.2

D. 完工偏差 −125 万元，完工尚需绩效指数 1.2

【思路解析】"已经完成了 40% 的工作量"，也就是 EV=BAC×40%=200 万元。而实际成本（AC）为 250 万元，可知项目的成本绩效不佳。

因此，完工偏差肯定是负值，完工尚需绩效指数肯定大于 1（后半段必须使资金使用效率超过预算计划的水平，否则无法保证在预算内完成）。其实至此，我们通过半定量分析已经可以锁定选项 D 了。

实际计算完全可以验证答案：

CPI=EV÷AC=200 万元÷250 万元 =0.8。EAC=BAC÷CPI=500 万元÷0.8=625 万元。

因此，VAC=BAC−EAC=500 万元 −625 万元 =−125 万元。

剩余工作量 300 万元，剩余预算 250 万元；因此，TCPI=300 万元÷250 万元 =1.2。

【参考答案】D

例题 4.27 当出现下列哪一项时，一个项目可以认为完成了？

A. BAC=PV　　　　　　　B. EV=AC
C. BAC=EV　　　　　　　D. PV=AC

【思路解析】BAC 是完工预算，即项目计划时的总预算，因此是个固定值。在挣值分析的各种计算中，BAC 是唯一不随时间发生变化的量。

挣值的核心思想是用工作在预算中的价值代表工作量，BAC 是预算价值的总额，也就是需要完成的总工作量。所以，当项目已完成的工作量等于 BAC 的时候，项目就完工了。已完成的工作量是用预算价值来代表的，即挣值，因此选择 BAC=EV。

其他几个选项的意义也要解读一下：BAC=PV，说明目前的时间点处在原计划的完工日期或其后；EV=AC，说明当前实际成本与预算相同；PV=AC，无意义，二者必须和 EV 比较才能判断项目绩效。

【参考答案】C

陈老师注 理解本题，可以对挣值有更深一层的认识。挣值本质上是基于成本的思维方式，主要针对成本进行衡量和预测，对进度关注相对较少。这种思维方式使挣值在进度的衡量和预测上具有先天的局限性。

基本思维：所有工作都用预算价值来衡量，主要针对成本的计算和预测，对进度关注较少。除 SV 和 SPI 外，其他指标基本都与成本相关。除了

SPI、CPI 和 TCPI 三个绩效指数（相对指标），其他所有指标都用货币单位衡量，进度指标也用货币单位衡量，进度偏差（SV）用货币单位而不是时间单位表示。

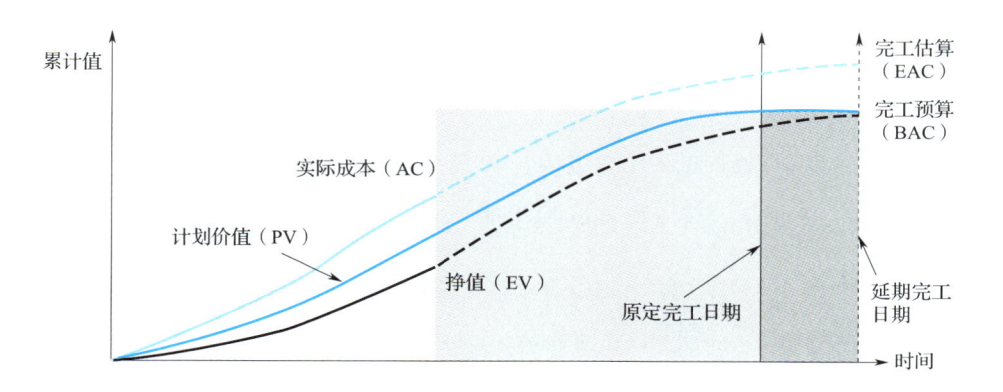

由上图可见，在项目进展过程中，PV 会随着时间不断增加，直到原定的完工日期等于 BAC；如果项目出现延期，PV 在原定完工日期之后不会再增加，而是始终等于 BAC。

这就带来了一个问题，在项目即将完工的这段时间，无论进度实际上落后多少，EV 都会越来越接近 PV 和 BAC，并在最终完工时等于 PV 和 BAC；SV 将会越来越接近 0，并在最终完工时等于 0；SPI 将会越来越接近 1，并在最终完工时等于 1。所以，在项目的后半段用挣值来估计进度，可能无法反映出延误的实际情况，这是需要注意的。

为了解决这个问题，人们扩展了挣值的思维方式，引入了"挣得进度"的方法，感兴趣的读者可以自行了解。

4.3 储备分析

1. 应用解析

储备分析（Reserve Analysis）是一种数据分析技术，用于评估项目风险情况，以及进度和预算的储备量，以便确定这些储备是否足以应对剩余风险。

（1）储备分析的对象：应急储备和管理储备

- 应急储备（Contingency Reserve）用来应对已识别到的风险。

对于已经记录在风险登记册中的风险，如果采用的策略是"接受—主动接受"，就应为其预留应急储备。小至某个具体的活动，大至整个项目，任何层级都可以建立应急储备。

应急储备包含在成本基准以内，也属于项目预算的一部分，与已识别到的风险一一对应。当风险实际发生时，项目经理可以直接使用对应的应急储备。

- 管理储备（Management Reserve）用来应对未知风险。

应急储备一般在整个项目的层级建立，本质是为应对未知风险而特别留出的一笔项目预算。在实际工作中常见的"不可预见费"就是一种管理储备的思路。

管理储备不包含在成本基准中，但属于项目预算的一部分。当并未识别到的风险直接发生时，项目经理需要通过审批才能动用管理储备进行应对；所动用的管理储备会增加到成本基准中，从而使成本基准出现变更。

狭义的应急储备和管理储备仅指资金的储备，广义的储备则包括资金、时间和资源的储备。

（2）储备分析的方法

储备分析的作用是为了完成项目目标，针对风险状况增加合适的时间、成本余量，并通过动态调整，使储备维持在合理的水平上。

在初始的风险识别、分析和应对计划完成之后，项目经理就要进行储备分析，并将应急储备纳入项目基准。当项目进入执行阶段时，项目经理可以再次进行储备分析，目的是评估目前进度和成本储备的整体状况，从而判断储备的水平是保持、减少还是增加。

储备分析是指在项目的任一时点比较剩余应急储备与剩余风险量，从而确定剩余储备是否合理。项目经理可以用各种图形（如燃尽图）来显示应急储备的消耗情况。

2. 经典例题

例题 4.28 项目团队识别到项目中的四大风险，以及其发生概率和成本影响。风险 A，概率 20%，成本影响 80000 美元。风险 B，概率 40%，成本影响 60000 美元。风险 C，概率 50%，成本影响 30000 美元。风险 D，概率 60%，成本影响 20000 美元。根据这些信息，项目经理应该请求多少应急储备？

A. 190000 美元　　　　B. 95000 美元

C. 80000 美元　　　　D. 67000 美元

【思路解析】应急储备的计算方法是将已识别出的所有风险的期望值（概率 × 影响）相加：80000×20%+60000×40%+30000×50%+20000×60%=67000（美元）。

【参考答案】D

例题 4.29 你为项目准备了 200000 美元应急储备金。现在，当你完成项目的 75% 时，你注意到你的应急储备金降到了 20000 美元。为了比较项目的剩余应急储备与剩余风险量。你应该进行：

A. 偏差分析　　　　B. 趋势分析

C. 风险评估　　　　D. 储备分析

【思路解析】在项目执行期间，预留的储备会逐渐投入使用，储备分析工具帮助我们比较项目的剩余应急储备量与剩余风险量，从而确定剩余储备是否合理。

【参考答案】D

例题 4.30 由于突然和极端的汇率波动，进口项目设备的成本增加了 27%。项目经理应该如何减轻这个成本超支问题？

A. 使用变更控制程序来吸收额外成本

B. 使用管理储备支付额外成本

C. 修改成本基准以反映当前状况

D. 采用应急储备补贴成本超支

【思路解析】"突然和极端"的含义是这个风险事先并没有被识别出来，属于未知风险，因此需要动用管理储备来解决。

【参考答案】B

陈老师注 动用管理储备应该通过审批，选项B并没有提到审批流程，但仍然是最适合的选项。考题有时考查的是解决问题的方向，有时考查的是解决问题的步骤。

如果考查方向，那么在步骤上即使没有表述得非常严格，也是可以接受的，如本题的情况；如果考查步骤，那么就必须强调步骤的严谨性。

例题 4.31 一个制造工厂施工项目现场发生地震。这影响到整个项目预算。项目经理应该考虑什么类型的储备分析？

A. 应急储备　　　　　　B. 管理储备

C. 项目储备　　　　　　D. 基准储备

【思路解析】一般而言，地震这种意外灾害属于未知风险，项目经理应使用管理储备对其造成的影响进行管控。

实际上，题目说"这影响到整个项目预算"，就意味着一定要动用管理储备了，因为应急储备包含在成本基准内，使用应急储备并不会造成成本基准变更，当然也不会影响项目预算（项目预算 = 成本基准总额 + 管理储备）。现在既然预算已经受到影响，那么仅有一种可能，就是现有的管理储备全部投入也不足以应对灾害，还需要额外追加，这就涉及项目预算的增加。所以，项目经理要考虑的是管理储备。

【参考答案】B

例题 4.32 在规划开发一个没有现场发布历史的新设备时，项目经理了解到几名关键工程师也被分配到其他项目去了。由于项目将使用新的复杂技术，存在许多不确定性。项目经理应使用什么进度安排技术？

A. 资源平衡　　　　　　B. 关键路径法（CPM）

C. 储备分析　　　　　　D. 资源平滑

【思路解析】"存在许多不确定性"就是指存在大量风险，因此应该预留充分的进度储备来应对。

应急储备和管理储备在狭义上仅指资金的储备，在广义上则包括成本、进度和资源的储备。比如，一个活动正常的完工时间是 3 天，但如果某个已识别的风险发生了，可以额外追加一天，这就是进度的应急储备。

【参考答案】C

第 5 章
质量领域

5.1 根本原因分析

1. 应用解析

根本原因分析（Root Cause Analysis，简称 RCA）是一种数据分析工具，用于确定引起问题的根本原因。

当现实状态和预期状态存在差距时，问题就产生了，如质量未达标、需求未满足、进度和成本绩效欠佳等。在现实中，很多人将注意力集中在问题的表面影响上，认为消除影响就是解决了问题。而根本原因分析这个工具的应用，体现了对问题追本溯源的思路，不满足于仅仅消除问题带来的表面症状，而必须透过表象找到根本原因，明确定位系统或流程最深层的问题来源。

消除所有根本原因，可以杜绝问题再次发生，还可以消除由相同的根本原因带来的其他问题，是一种系统化地防范和解决问题的思路。

近年在航天等各领域推行的"质量问题归零"制度，就是寻找根本原因然后解决问题的过程。例如，航天系统的技术归零要求：定位准确、机理清楚、问题复现、措施有效、举一反三；管理归零要求：过程清楚、责任明确、措施落实、严肃处理、完善规章。

根本原因分析并没有特定的形式要求，一种较为常见的方式是"五问法"（也称为"5 Why/ 五个为什么"），即通过至少五次持续追问进行深入分析，避免流于表面。

问题：一台机器不运转了

纵向深入挖掘

第一问：为什么机器不运转？
·因为超负荷烧断了保险丝

第二问：为什么超负荷？
·因为轴承部分的润滑不够

第三问：为什么润滑不够？
·因为润滑泵吸不上油

第四问：为什么吸不上油？
·因为油泵的轴磨损松动了

第五问：为什么轴会磨损？
·因为未安装过滤器而混进了铁屑

上图就是"五问法"的应用示例。对于机器不运转这个问题，如果流于表象，会满足于替换掉保险丝，这样虽然能暂时使机器恢复运转，但只要深层次的问题尚未解决，类似的问题还会重复出现。只有通过五次追问，找到了设计/操作上的缺失，并将其纠正，才能从根本上解决问题。

2. 经典例题

例题 5.1 项目团队报告在满足客户设计要求方面重复出现问题。项目经理应该做什么？

A. 审查这些需求，并通知客户

B. 安排与客户的会议，解决冲突和建立信任

C. 执行实施整体变更控制过程，解决这些问题

D. 执行根本原因分析，并建议解决方案

【思路解析】既然问题重复出现，肯定不是偶然原因造成的，应该存在流程性的、制度性的深层次原因。因此，项目经理要先进行根本原因分析，找到这种深层次的原因，然后才能确定解决方案。

【参考答案】D

例题 5.2 项目发起人希望立即进入项目的验收阶段。但在审查安装清单后，项目团队识别到可能严重影响项目交付的质量问题。项目经理首先该做什么？

A. 在继续之前分配额外的资源以解决该问题

B. 执行根本原因分析，并重新制订验收阶段的进度计划

C. 开始验收阶段并同时解决该问题

D. 记录该问题并与发起人讨论其后果

【思路解析】在发现质量问题后，项目经理应该先彻底解决问题再进行验收，不能边解决问题边验收。

PMI 对质量问题的基本思路是要从根本原因出发去彻底解决，所以进行根本原因分析是必须的。既然问题如此严重，分析和解决问题很可能需要更多的时间，因此进度计划也要相应调整。

【参考答案】B

例题 5.3 由于技术已在其他工厂运行，一个项目的用户验收测试被省略。但是，在实施后，该技术不能按预期起作用。项目经理应该怎么做？

A. 查看缺陷报告以确定并解决问题

B. 提交变更请求

C. 执行根本原因分析以确定纠正措施

D. 使用测试脚本来解决问题

【思路解析】项目成果出现问题，应首先锁定根本原因再决定如何处理。选项 A 仅查看缺陷报告而不深入分析原因，是无法彻底解决问题的。

【参考答案】C

例题 5.4 团队利用最新技术完成了新产品的原型。在测试期间，产品不符合性能规格。项目经理应该怎么做？

A. 与项目发起人重新协商性能规格

B. 执行根本原因分析，找出原因

C. 向变更控制委员会（CCB）提出偏差请求

D. 通知发起人，并实施纠正措施

【思路解析】"产品不符合性能规格"是指质量不达标，这是一个不能被接受的问题。项目经理必须修复成果使其达标，而不能降低标准来适应现实质量。选项 A 和选项 C 的价值观错误。

正确的做法是找到根本原因，避免未来再出现这个问题。

【参考答案】B

5.2　因果图 / 鱼骨图 / 石川图 ★

1. 应用解析

因果图（Cause and Effect Diagram）是一种数据表现工具。它将问题所陈述的原因分解为离散的分支，用于发现问题的根本原因。

因果图的发明者是日本的质量管理大师石川馨，所以该图也叫作石川图（Ishikawa Diagram）；由于其形状像一条鱼的骨骼，又被称为鱼骨图（Fishbone Diagram）。

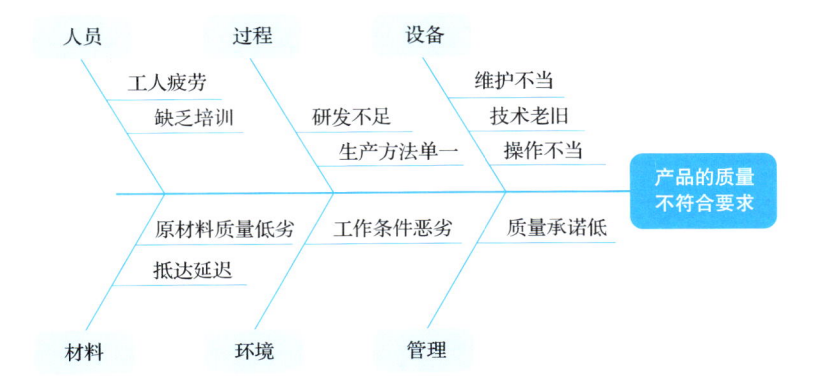

因果图使用可视化的方式来寻找问题的根本原因：

第一步，把要分析的问题放在图形中部的主线上，即鱼的"脊柱"。

第二步，通过讨论和分析，找出几个主要类别的原因，将这些原因放到从主线散发出的分支（"大骨头"）上。这些类别一般非常宽泛，如"人员""环境"等。注意，要使用中性词进行描述，不进行是非判断。

第三步，继续讨论和分析，将大类再细分为更小的分支，即"小骨头"。例如，在"人员"之下可以列出"工人疲劳""缺乏培训"等分支。小骨头的命名要进行是非判断，如"缺乏""不足""不当"等。有必要的话，可以继续向下分层。一个完整的因果图应该至少包含两层，很多因果图包含三层或者更多层。

第四步，针对列出的所有最底层因素进行讨论，确定哪个是根本原因。

因果图与分析根本原因的"五问法"思路类似，但直观程度明显更高。其实，因果图可以看成一种特殊的思维导图，通过发散式的思维方式，对因果关系进行可视化的呈现。

遇到问题要寻找根源并从程序上解决，是重要的思维方式。相关内容可参见《情景模拟》"第3篇 问题解决的思维模型"。

2. 经典例题

例题 5.5 一个新产品开发三个月后，一名团队成员通知项目经理其中某个部件的质量问题。项目经理应该使用哪种工具与技术有效地处理和解决这个问题？

A. 帕累托图　　　　　　　B. SWOT分析

C. 因果图　　　　　　　　D. 控制图

【思路解析】遇到问题要首先分析根本原因，如此才能有效地处理和解决问题。因果图是这一过程中需要用到的重要工具。

SWOT分析用于风险识别，控制图用于判断过程是否正常，后面都会介绍。

【参考答案】C

例题 5.6 某公司计划举行一个区域会议，上次的类似会议没有成功，上层要求你确保这次会议能够圆满成功。为了分析上次会议的问题，以及确定成功举行本次会议，你会用到什么工具？

A. 石川图　　　　　　　　B. 直方图

C. 控制图   D. 帕累托图

【思路解析】"上次的类似会议没有成功"是一个问题，找到这个问题的根本原因并加以解决，才能确保本次会议能够成功举办。因此，你要使用因果图/鱼骨图/石川图来寻找根本原因。

【参考答案】A

例题 5.7 一个问题将延迟项目并增加成本。为避免将来再出现这个问题，项目经理应使用什么方法？

A. 直方图   B. 风险评估
C. 鱼骨图   D. 帕累托图

【思路解析】要想在本项目的未来规避问题，首先要寻找根本原因，使用因果图/鱼骨图/石川图是最好的方法。

【参考答案】C

例题 5.8 由于质量控制问题，项目落后于进度。没有识别缺陷的明显模式。使用定性方法，应使用哪一种质量控制工具来确定缺陷来源？

A. 直方图   B. 帕累托图
C. 散点图   D. 因果图

【思路解析】"缺陷"代表质量问题，"确定缺陷来源"就是寻找质量问题的根本原因，因此还是要使用因果图/鱼骨图/石川图。

此外，题目要求使用定性方法，答案中只有因果图符合这一点，其他几个工具都使用了定量关系，本章后面会逐一介绍。

【参考答案】D

例题 5.9 敏捷团队需要识别当前项目中遇到的问题的可能原因，敏捷团队应该怎么做？

A. 开发一个探测   B. 创建石川图
C. 执行事前分析   D. 完成偏差和趋势分析

【思路解析】敏捷环境同样可以使用因果图/鱼骨图/石川图来分析根

本原因。

【参考答案】B

5.3 直方图

1. 应用解析

直方图（Histogram）是一种数据表现工具，用于展示不同类型数据的分布情况。直方图由一系列高度不等的柱形图组成，横轴表示数据的类型，纵轴表示相应情况出现的频数。

在横轴上标出区间，纵轴用来记录频数，按照各个对象区间的频数（f）来做柱形图。图中的横轴宽度（数据的最大值与最小值之差）与纵轴的高度（最大频数的高度）的比例按照 1：1~2：1 的比例制作时，直方图看起来会很清晰。

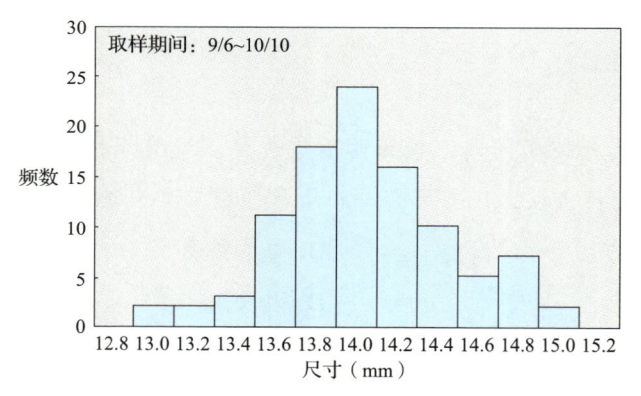

直方图高度形态的变化反映了数据的分布情况，可以简明直观地展示出数据的统计分布规律，如集中趋势、分散程度等。

直方图在质量管理中应用很多，可以用于展示各个可交付成果的缺陷数量、不同成因带来的缺陷数量等信息，也用于对某个过程产生的特定质量特性参数进行分析。

2. 经典例题

例题 5.10 你的团队开发了一款用于数据分析的软件产品。在对少量用户进行 Beta 测试时，你注意到该产品存在缺陷，原因包括：与操作系统不兼容（20%）、软件中的错误（22%）、难以理解指令手册（20%）、所需功能不可用（15%）、其他（23%）。

为了说明这些问题的原因，你可以使用：

A. 直方图　　　　　　　　B. 质量核对单

C. 散点图　　　　　　　　D. 流程图

【思路解析】直方图可以展示不同成因带来的缺陷数量。按来源或组成部分展示缺陷数量，是直方图在质量管理中最常见的应用。

【参考答案】A

例题 5.11 项目团队使用一种质量工具，能用图表描绘问题出现在某个特定组内的频率，项目团队正在使用的是哪一项质量工具？

A. 散点图　　　　　　　　B. 直方图

C. 统计抽样　　　　　　　D. 项目核对表

【思路解析】展示不同类型情况的出现频次，就是直方图的作用。

【参考答案】B

5.4　帕累托图 / 主次图 / 排列图 ★

1. 应用解析

帕累托图（Pareto Diagram）也称主次图或排列图，是一种数据表现工具，用于在多个因素之间分清主次，有助于人们抓住问题的主要矛盾。

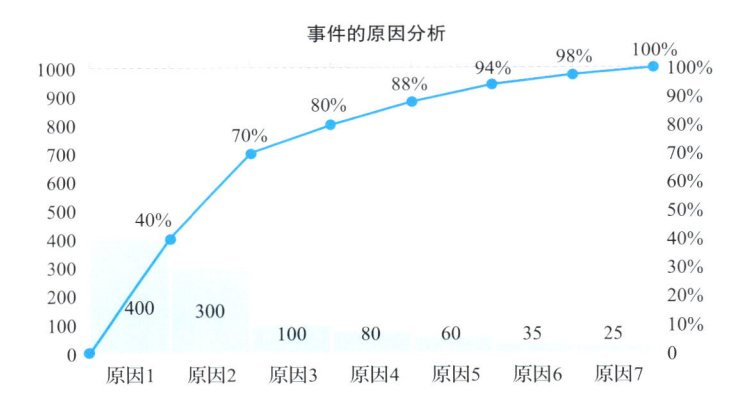

事件的原因分析

(1) 帕累托图的意义

帕累托图实际上是一种特殊的直方图，它的特点在于把各个因素按照出现的频数降序排列，频数越高的因素排列越靠左侧；同时，在右侧增加一条坐标轴，据此绘制一条累计线，展示从频数最大的因素开始到当前因素所占据的累计百分比。如上图显示，频数最高的原因带来了全部情况中的 40%，而前三大原因带来了全部情况的 80%。

帕累托图是质量领域的一种常用工具，可以对多种因素按照影响大小进行降序排列，从而识别出最重要的改进领域。

帕累托图的思维来自意大利经济学家维尔弗雷多·帕累托（Vilfredo Pareto）。他在研究中发现，意大利 80% 的土地属于 20% 的人口。这一思维被质量管理大师约瑟夫·朱兰（Joseph Juran）在 20 世纪 40 年代应用于质量管理，提炼为现在经常谈到的"二八法则"，即问题和成因之间并非均匀对应，往往由 20% 的原因造成 80% 的错误、20% 的风险带来 80% 的成本、20% 的销售人员贡献了 80% 的销售额等，是非常著名的经验法则。

(2) 帕累托图的思维方式

PMP 新考纲有一个显著的思维方式变化，强调在面对多个问题、多个待办事项的时候，不能齐头并进、等量齐观地去处理，而要先排列优先级，按照优先级来分配资源、决定执行顺序、选择不同的处理方法。这一变化体现在新考纲的各个领域，从多处表述中可以看出 PMI 对这个思维的重视：

- 确定各项需求及其优先级。
- 评估外部业务环境变化对项目范围/待办事项列表的影响，并确定其优先级。
- 以迭代方式评估风险并确定其优先级。
- 评估（协议）优先级并确定最终目标。

这种做法体现了敏捷的思维方式，即不期望一次性解决所有问题，而是按照价值排序，优先完成重要工作，抓主要矛盾。在这一过程中，帕累托图可以发挥重要作用，帮助团队关注到少数影响重大的问题。

（3）帕累托图与因果图的区别

二者都是质量管理的常用工具，都有助于分析问题的原因，它们之间的区别在于：

- 因果图是定性方法，关注的是问题的根本原因，强调深层次挖掘。
- 帕累托图是定量方法，关注的是从众多原因中找到相对较为重要的原因，把握主要矛盾。这为在现实条件受限制的情况下选择优先解决的问题提供了重要参考。

2. 经典例题

例题 5.12 下列哪一项说明了为何帕累托图是指出重大缺陷的有效工具？

A. 通过识别相对少量的造成最大影响的原因，它可能指出最有效的改善机会

B. 它指出了项目可交付成果的可接受容限

C. 它可准确地展示不同因素如何导致缺陷

D. 它分析了两个变量的关系

【思路解析】选项 A 把帕累托图的意义阐述得非常清楚：通过排序，识别到数量较少但影响较大的几个因素，从而指出如何改善的效果最好。

【参考答案】A

例题 5.13 由于出现多个质量问题，公司延期发布产品。项目经理应使用以下哪一项工具来说明产品质量问题的发生频率和最常见的原因？

A. 帕累托图　　　　　　B. 因果图

C. 控制图　　　　　　　D. 统计抽样

【思路解析】如果仅需要说明问题的发生频率，普通的直方图就可以做到；要列出最常见的原因，就得帕累托图出场了。

【参考答案】A

例题 5.14

在一个价值 200 万美元的项目的测试阶段，团队发现了一些缺陷，由于截止期限快到了，他们可能无法修复所有缺陷。若要确定集中做哪项工作，项目经理应使用什么工具或技术？

A. 帕累托图　　　　　　B. 矩阵图
C. 散点图　　　　　　　D. 专家判断

【思路解析】"截止期限快到了"是题目中给出的制约因素，在此制约下，项目团队可能无法解决全部问题，那么就应该聚焦在更为重要的问题上。此时，项目经理使用帕累托图有助于排列问题的优先级。

【参考答案】A

例题 5.15

项目经理决定与一个测试组进行试点计划，识别最常见的问题，并确定潜在的改进领域。下列哪一项有助于识别这些问题并将其作为改进领域排列优先顺序？

A. 石川图　　　　　　　B. 标杆对照
C. 实验设计　　　　　　D. 帕累托图

【思路解析】见到"排列优先顺序"这个关键词，就要想到帕累托图这个工具。

【参考答案】D

例题 5.16

在一个项目的质量控制阶段，发现了大量缺陷，团队成员建议检查每个缺陷的频率；项目经理倾向于优先考虑检查结果，以防止进度计划延迟。若要完成这项工作，项目经理应该使用什么？

A. 关键绩效指数　　　　B. 帕累托图
C. 因果图　　　　　　　D. 控制图

【思路解析】关键词是"优先"，也就是在时间有限的情况下侧重抓主要矛盾，找到引发缺陷数量最多的问题，这是帕累托图的典型应用。

【参考答案】B

例题 5.17

在一个新系统实施项目的测试阶段后期，一名项目经理接管，在用户测试期间记录了数百个未解决的系统缺陷。距离测试完成只剩两周时间了，开发团队不可能解决所有问题，项目经理应该怎么做？

A. 将未解决缺陷，顺延到另一个项目解决

B. 创建一份因果图，跟踪问题的根本原因

C. 与项目相关方一起排列未解决缺陷的优先顺序，并使用帕累托图

D. 向指导委员会签发一份变更请求，重定项目进度计划的基准

【思路解析】缺陷数量很多但时间又很紧张，既然不可能解决所有问题，就要排列优先级抓主要矛盾，考虑用帕累托图。

【参考答案】C

5.5 控制图

1. 应用解析

控制图（Control Chart）是一种数据表现工具。它通过对生产过程的关键质量指标进行测定、记录和评估，从而判断这个过程是否处于稳定受控的状态。

带固定界限的连续测量控制图

控制图的横轴是连续的时间序列，纵轴则是所关注的关键质量指标。将连续生产出的产品的这一指标按照时间顺序展示出来，就形成了控制图。

对于正常的生产过程，质量指标都有一个标准值，即图中的中线。比如，产品是一根金属杆，关键的质量指标是长度，标准值为200cm。我们当

然希望生产出的产品参数都是准确的 200cm，但由于生产过程难免会受到一些随机因素的影响，实际的产品参数会有细微变化，一般围绕着中线呈现出一定的分布范围。

（1）控制图可以判断成果是否符合标准

每一个质量指标肯定有其合格范围，在控制图中显示为规格上限和规格下限（如可以设定金属杆的长度规格上限为 205cm，规格下限为 195cm），逾越规格界限的就是不合格产品，必须进行缺陷修复或者报废。

（2）控制图可以判断生产过程是否受控

除了监测成果是否符合标准以外，控制图还有更为重要的作用——判断生产过程处于受控还是失控状态。

任何一个生产过程，正常情况下应该处在"受控状态"，即过程正常运转，仅受随机因素的影响，表现为所生产出的产品质量指标的均值和偏差都基本保持稳定。生产过程在启动和调试以后，都应该达到稳定的受控状态，如此才能进入正式生产。在受控状态下生产出的产品，其质量指标是稳定且可预测的。

如果生产过程受到随机因素以外的特殊因素干扰，如操作失误、设备故障、原材料瑕疵、环境剧变等，则称为"失控状态"，意味着过程突破了设计要求，产出的产品的质量不再稳定且可预测。

（3）失控状态的判断方法

控制图可以从统计的角度帮我们判断出失控状态：

第一，越过控制界限为失控。控制界限是根据过程的特性和统计规律事先设定好的界限，代表一个稳定过程的自然波动范围，比规格上下限更接近中线，如上图中的控制上下限设定为 203cm 和 197cm。

如果某个产品的质量参数逾越了控制界限，即使参数本身还在规格界限以内，属于合格产品，也意味着生产过程已经受到了非随机因素的干扰，如上图中左起第 9 个点。

第二，符合"七点规则"为失控。"七点规则"指控制图上连续七个点出现在中线的同一侧，或者连续七个点上升/下降趋势相同。这实际运用了假设检验的方法：如果状态是稳定受控，那么符合"七点规则"的情况应该属于极少发生的小概率事件；所以一旦这种情况发生了，则推翻"稳定受控"这个假设，认为过程处于失控状态。

过程如果出现失控，项目经理必须停止生产并介入处理，分析根本原因并采取措施，将其恢复为受控状态。

（4）控制图的应用

控制图背后的统计学意义较为复杂，在此就不进行深入解读。简而言之，控制图最常用来跟踪批量生产中的重复性活动，同时也可用来监测成本与进度的偏差、范围变更的频率、项目文档中的错误和其他项目管理指标，以便确定项目管理过程是否受控。

成本管理计划和进度管理计划都提到了"控制临界值"的概念。控制临界值一般以基准值的百分比表示。在临界值以内的绩效波动可以认为是正常的，而一旦绩效偏差超出临界值，就必须进行干预。了解了控制图的思维，再看"控制临界值"就很清晰了，其实这就是针对管理设定的控制界限。

控制图的思维最早由美国工程师、统计学家沃特·休哈特（Walter Shewhart）于1924年提出。休哈特完成《质量控制中的统计方法》等著作，被公认为统计质量控制的先驱。他提出的"计划—执行—检查—行动循环"的观点，就是后文要讲到的PDCA循环。

2. 经典例题

例题 5.18

控制图有助于项目经理：

A. 着眼于改进质量最重要的问题上

B. 着眼于刺激思考

C. 探索理想的结果

D. 确定某流程是否正常运转

【思路解析】"流程正常运转"就是受控状态，这时流程只受随机因素的影响。A"着眼于改进质量最重要的问题上"是刚刚讲到过的帕累托图的作用。

【参考答案】D

例题 5.19 在创建质量管理计划时，项目经理需要评估数据以确定是否在可接受的质量控制界限范围内。如果其超出这些界限，项目经理还需要确定需要采取的行动。项目经理应使用什么工具或技术来捕获这个信息？

A. 因果图　　　　　　　　B. 控制图

C. 直方图　　　　　　　　D. 散点图

【思路解析】提到"控制界限范围内"就要想到控制图；超出界限就是失控状态，需要采取措施进行纠正。

【参考答案】B

例题 5.20 项目经理负责安装和调试一个新的生产设施。一条新的生产线已准备好调试，且正在进行试生产。若要确保生产线的运行符合技术规范，项目经理应使用什么工具或技术？

A. 标杆对照　　　　　　　B. 控制图

C. 检查　　　　　　　　　D. 流程图

【思路解析】"确保生产线的运行符合技术规范"，也就是按照设计要求，稳定地产出质量可以预测的成果。控制图是这个过程中应该使用的方法。如果试生产后发现过程稳定可控，生产线就可以正式投入使用。

【参考答案】B

例题 5.21 在查看项目进度的图表表示时，项目经理看到一个周期性跨越上下基准数字的参数。项目经理正在查看哪一项？

A. 控制图　　　　　　　　B. 趋势图

C. 帕累托图　　　　　　　D. 散点图

【思路解析】"周期性跨越上下基准数字的参数"，就是控制图中会出现的特征；上下基准数字指的是控制上下限，在进度管理中体现为进度的控制临界值。控制图不仅可以用于监控质量指标，也可以用来监控项目管理过程。

选项 C 和选项 D 都很容易否定掉。选项 B 的趋势图也是一种时间序列图，其主要目的是观察变量是否随时间变化呈现出某种趋势，趋势图不同于控制图的是其中不存在中线、控制上下限和规格上下限。

【参考答案】A

例题 5.22 一个控制图显示，在均值的一侧有七个数据点在一条直线上。应采取什么措施？

A. 执行试验设计
B. 调整控制图以反映新的均值
C. 寻找原因
D. 什么都不做，这是七点原则，可以忽略

【思路解析】均值的一侧有七个数据点在一条直线上，说明这七个点都在中线同侧，而且上升或下降的规律相同，肯定符合"七点规则"，所以从控制图可以判断出过程已经失控了。

失控是一个必须解决的问题，而控制图并不能回答失控的原因，因此，项目经理必须先寻找到根本原因才能对症下药解决问题。具体的方法可能是使用根本原因分析，也可能是绘制因果图/鱼骨图/石川图。

【参考答案】C

5.6 散点图

1. 应用解析

散点图（Scatter Diagram）是一种数据表现工具，用于判断两个变量之间是否存在相关性，以及相关性的种类和强弱程度。

散点图使用直角坐标系绘制，通常用 x 轴来表示自变量，如过程、环境或活动的要素；y 轴表示因变量，如质量特性参数。

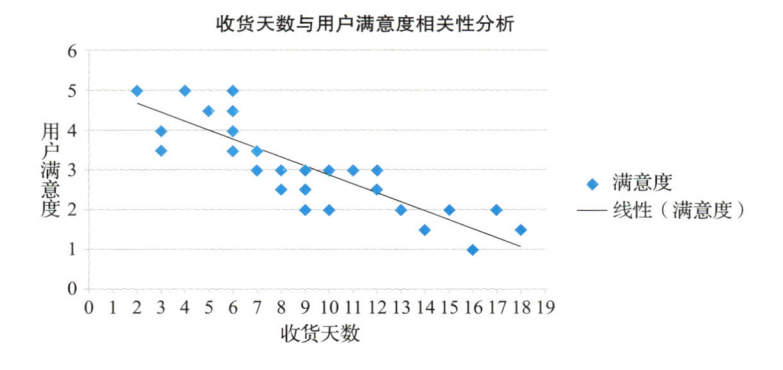

收货天数与用户满意度相关性分析

相关性指两个变量是否沿着相同或者相反的趋势变化。

- 正相关：自变量变大时，因变量随之变大。
- 负相关：自变量变大时，因变量随之变小。
- 不相关：因变量不随自变量的变化而变化。

散点图的形状可以体现出两个变量之间的相关性，对于较为常见的线性关系而言，散点图上的点呈现"/"代表正相关，呈现"\"代表负相关。如上图显示出用户满意度和物流天数之间的关系是典型的负相关关系。

除了线性关系外，变量之间还可能呈现为指数关系、对数关系等。

需要注意的是，相关性并不等同于因果关系，相关性表示两个变量具有同时变化的趋势，而因果关系则意味着一个变量导致另一个变量变化。散点图只是一种数据的初步分析工具，能够比较直观地帮我们展现相关性，要想确认有相关性的变量之间是否存在因果关系，还需要使用更多的统计工具进行分析。

2. 经典例题

例题 5.23

执行质量控制的项目经理希望了解一个变量是否会对另一个变量产生影响，项目经理应该使用什么基本质量工具来确定这个问题？

A. 散点图　　　　　　　　B. 控制图

C. 帕累托图　　　　　　　D. 流程图

【思路解析】一个变量如果会对另一个变量产生影响，它们之间肯定具有相关性，用散点图可以展现出这种关系。

【参考答案】A

例题 5.24 在一个 IT 项目的第二个交付里程碑中执行了质量评估。由于提出了许多问题，项目经理想了解质量的趋势，以及是否存在相关变量。应该使用哪一项工具和技术？

A. 石川图　　　　　　B. 散点图
C. 帕累托图　　　　　D. 统计抽样

【思路解析】"是否存在相关变量"也就是质量是否和某个因素具有相关性。虽然相关性并不等于因果关系，但探寻相关性仍然有助于我们分析问题的根本原因。所以，本题选择散点图。

【参考答案】B

5.7 核对单

1. 应用解析

核对单（Checklists）是一种数据收集工具，表现为一系列事项的列表，用于核实所要求的一系列步骤是否执行或需求列表是否得到满足。

序号	事项	核对标记
1	确定会议议程	完成□
2	确定会议主持人	完成□
3	确定会议记录人	完成□
4	要求参会者提交资料	完成□
5	确定出席者座位	完成□
6	发出正式会议通知	完成□
7	测试影音设备	完成□
8	……	完成□

核对单看起来非常简单，却是避免出错、避免遗漏的有效方式。许多组织都会根据类似项目的经验或自身的历史信息编制标准化的核对单，用来确

保经常性任务得到规范执行。这种核对单是组织过程资产的一部分。

核对单除了作为质量工具，也是风险识别的工具。组织可能基于历史项目信息来编制核对单，也可能采用特定行业的通用风险核对单，列出过去曾出现并且与当前项目相关的风险，这是吸取类似项目经验教训的有效方式。

2. 经典例题

例题 5.25 在规划质量管理后，您创建了一个工具，它通常列出特定组成部分，用来核实所要求的步骤是否已得到执行。这个工具是：

A. 核对单　　　　　　　　B. 操作定义

C. 质量管理计划　　　　　D. 实验设计

【思路解析】"核实所要求的步骤是否已得到执行"，就是核对单的意义。

【参考答案】A

例题 5.26 供应商总是缺少某个环节，项目经理应该给他什么建议？

A. 使用核对单　　　　　　B. 使用直方图

C. 绘制控制图　　　　　　D. 绘制甘特图

【思路解析】使用核对单是确保完成所有必要环节的工具。

【参考答案】A

例题 5.27 由于质量过程的问题，一个项目明显落后于进度计划。项目相关方坚持要求项目经理采取任何必要的行动来满足初始时间表。项目经理下一步应该怎么做？

A. 与相关方谈判质量标准并更新质量管理计划

B. 重新确定客户的需求清单优先级并调整项目范围

C. 在风险登记册中记录所有问题并接受质量过程

D. 审查质量核对单以确定根本原因并实施所需的变更

【思路解析】质量过程的问题导致进度受到了影响，选项 D 先确定根本原因再通过变更进行调整的思路是正确的，核对单有助于分析是否列出和完成了所有必要的工作。

选项 A 试图降低质量标准来满足进度要求，违反了"质量不妥协"的原则。选项 B 试图削减范围来满足进度要求，违反了"范围不妥协"的原则。选项 C 的表述本身就是错误的，问题应记录在问题日志而非风险登记册中，而"接受质量过程"表示不对过程进行调整，这当然是错误的。

【参考答案】D

例题 5.28 由于项目资源的专业水平不同，项目经理注意到进度计划绩效问题，一些经验丰富的资源会检查不必要的细节，而一些初级资源则需要很长时间才能完成任务。项目经理应该怎么做来增强团队绩效？

A. 根据需要提供培训，并为所有团队成员实施一份核对单

B. 请高级资源为初级资源提供协助

C. 更换初级资源，并通知高级资源

D. 对初级员工进行培训

【思路解析】这道题目非常场景化，但本质并不复杂。新手的技能不足，项目经理应该提供培训；老手做了不必要的细节工作，项目经理要进行控制。使用核对单可以帮助团队明确需要完成的工作内容，既不要少做，也避免多做，同时解决新手和老手两个方面的问题，因此选项 A 是最好的选择。

注意选项 B 的思路是不符合 PMI 价值观的。培训应该专门安排，而且老手也需要接受培训来解决工作过细的问题。

【参考答案】A

例题 5.29 项目组正在使用核对单来识别风险。关于核对单，以下说法正确的是：

A. 可列出所有可能的风险，是一个很全面的工具

B. 未列入核对单的风险将不会发生

C. 核对单中的风险数据是基于类似项目和其他信息来源积累的历史信息和知识编制的

D. 核对单一般信息稳定，不用更新和完善

【思路解析】核对单可以作为风险识别的工具，但它不可能穷尽所有风险，项目团队还需要通过其他工具和讨论来充分识别风险，故选项 A 错误。

同时，核对单也需要不断更新完善，增加新信息，删除过时信息，故选项 D 错误。

【参考答案】C

5.8 质量成本★★

1. 应用解析

质量成本（Cost of Quality，简称 COQ）这个概念经常引起混淆，因为它同时具备两种含义。质量成本既是一种成本的类型，同时还是一种质量管理中常用的数据分析工具。

（1）作为成本类型的质量成本

质量成本包括在项目整个产品生命周期产生的以下两大类成本：

一致性成本（Cost of Conformance）：为使产品达到质量要求而进行的投入，一般是主动支出的，可以再分为两类。

- 预防成本（Prevention Costs）：为预防产品缺陷或失败所产生的相关成本，比如培训员工以提升技能、改进质量过程、使用更好的设备和供应商等。
- 评估成本（Appraisal Costs）：为评定质量而产生的相关成本，也称为鉴定成本，比如测试和检查工作的成本、破坏性测试导致的损失等。

非一致性成本（Cost of Nonconformance）：因产品未达到质量要求而带来的损失，一般是被动支出的，也称"不一致成本""故障成本"，也可以再分为两类。

- 内部失败成本（Internal Failure Costs）：通过质量评定的产品在向客户交付前发现缺陷而产生的相关成本，如内部返工。
- 外部失败成本（External Failure Costs）：产品向客户交付后发现缺陷

而产生的相关成本，如退换货、索赔、声誉损失、丢失客户等。

（2）作为数据分析工具的质量成本

质量成本同时还是一种数据分析工具，称为"质量成本分析法"，即通过分析一致性成本和非一致性成本的投入产出情况，在整个生命周期中获得最大的成本收益回报。这涉及多种分析和权衡。

一般而言，增加一致性成本可以降低非一致性成本，但降低的成本是否抵得过增加的投入？这需要企业进行全面的分析和权衡。企业可以选择为达到质量要求而增加投入，也可以选择减少投入来降低短期成本，而在产品生命周期中承担未达到要求而造成的损失。

一致性成本是显性的、确定的投入，而非一致性成本经常是隐性的、或然的损失；面对这种情况，人们往往会产生非理性思维，即过于看重显性成本而低估隐性成本。因此，在使用质量成本分析法时，我们必须关注隐性成本，进行全面考虑。

在《情景模拟》中反复强调的"质量不妥协"，就是不用降低项目成果的质量和项目质量标准的方式去解决问题。因为，非一致性成本一旦出现，往往显著高于避免它所需要投入的一致性成本。

陈老师注 在题目中经常见到"一致性"这个词，在质量领域把Conformance翻译为"一致性"，其含义是交付的成果符合质量要求、没有故障；更多时候被翻译为"一致性"的单词是Consistency，其含义是保持一致、前后连贯，不发生变动。

对同一个中文词汇的两种含义，大家要注意辨析，可以结合英文进行判断。

2. 经典例题

例题 5.30 产品不符合规范。一名项目相关方要求更换产品并纠正生产过程。若要确定这个失败的类型和成本，应使用"规划质量管理"过程中的哪个工具或技术？

A. 成本效益分析　　　　　　B. 力场分析

C. 质量成本（COQ）　　　　D. 预期货币价值（EMV）分析

【思路解析】"失败"即 Failure，实际翻译为"故障"更为合适。确定故障的类型和成本，应该使用质量成本分析法。

【参考答案】C

例题 5.31 在向客户移交之前，对项目可交付成果的一部分进行核实。负责质量审计的团队成员在其中一项可交付成果中找到有缺陷的部分，他们将其发回给装配线团队返工，这将增加成本。这种质量成本（COQ）如何分类？

A. 内部失败成本　　　　　　B. 外部失败成本

C. 预防成本　　　　　　　　D. 评估成本

【思路解析】区分质量成本的类型并不困难，做两次判断就可以了：第一，质量问题是否已经发生了？这决定了相关成本在大分类上属于一致性成本（为了不出问题主动花的钱）还是非一致性成本（出现问题之后被动花的钱）。本题中质量问题已经发生了，因此是非一致性成本。

对于非一致性成本再做一次判断，质量问题是在交付前被发现的，还是在交付客户后被发现的？题目的信息是"向客户移交之前"，所以属于内部失败成本。

【参考答案】A

例题 5.32 客户识别到一个新实施产品的性能问题。项目经理应使用哪一个质量成本（COQ）类别来估算这项成本？

A. 预防成本　　　　　　　　B. 外部失败成本

C. 评估成本　　　　　　　　D. 内部失败成本

【思路解析】还是进行两次判断：第一，质量问题已经发生了，这决定了在大分类上属于非一致性成本；第二，质量问题是在交付客户后发现的，故此属于外部失败成本。

【参考答案】B

例题 5.33 项目经理向人力资源部门抱怨新招募的成员的技术水平低下,需要进行培训。请问该成本属于哪种质量成本?

A. 内部失败成本　　　　　B. 预防成本

C. 评估成本　　　　　　　D. 外部失败成本

【思路解析】培训是典型的预防成本。主动把工作做好以避免出现质量问题的行为,都属于预防成本。

【参考答案】B

例题 5.34 一家软件公司发起一个新项目,为他们的电话系统构建一个应用程序,并且项目团队已经组建。所有项目团队成员都参加了应用程序培训,充分了解该项目的需求及如何生产一个高质量的产品。项目经理应利用哪一项质量成本在预算范围内执行项目?

A. 内部失败成本　　　　　B. 预防成本

C. 评估成本　　　　　　　D. 外部失败成本

【思路解析】"利用哪一项质量成本在预算范围内执行项目",意思是把钱花在哪里最有利于项目符合预算。项目经理应该主动、积极地投入一致性成本,尤其是预防成本。一次性把事情做对的成本是最低的,这样可以避免支付更高的非一致性成本。

【参考答案】B

例题 5.35 一个设备制造商生产的设备投入市场,结果设备因为质量问题产生召回,造成了 500 万元的损失。项目经理应该如何做才能预防这种质量成本?

A. 非一致性成本　　　　　B. 一致性成本

C. 矩阵　　　　　　　　　D. 多标准决策技术

【思路解析】由于设备因为质量问题召回造成了 500 万元的损失,不难判断，这个损失属于非一致性成本中的外部失败成本。

要想预防这种高昂的质量成本，项目经理应该主动增加一致性成本以避免质量问题的发生。

【参考答案】B

例题 5.36 公司推出一项新产品，预估实施质量控制系统将花费100万美元，预期的故障和潜在维修成本估计为50万美元。项目经理应该提出什么建议？

A. 在做出决定之前考虑声誉损失成本

B. 实施质量控制系统，因为这是质量成本（COQ）

C. 不实施质量控制系统，因为非一致性成本较低

D. 实施质量控制系统，因为质量控制是最佳实践

【思路解析】这时使用的就是作为分析方法的"质量成本分析法"，这种分析的目的在于取得更高的投资收益比，但前提是能够把全部质量成本考虑周全，其中最容易出现遗漏的就是非一致性成本中的外部失败成本。

在外部失败成本中，预期的故障和潜在的维修成本是直接支出的，题目已经分析到；但还有不能忽视的间接成本——损失声誉、丢失客户等，必须将这些成本全面地考虑进去，才能实现正确的成本收益决策。

【参考答案】A

5.9 审计 ★★

1. 应用解析

审计（Audit）是PMI非常重视的工具，但很容易被读者忽视，因为日常提到的审计往往只局限于财务领域；而《指南》提到了风险审计、质量审计和采购审计等多种审计工作，它们和财务审计具有相似性，但范围要更宽泛。

审计工作的主要目的是：

- 确认/改善工作的合规性(对政策、流程的遵守程度)。
- 评估/提升过程的有效性(工作的效果)。
- 识别最佳实践。
- 增强团队的工作能力。
- 分析问题的原因。
- 总结经验教训,丰富组织的知识库。

总之,审计的总体思路是注重对过程的审查评估和持续改进。

项目经理对审计应该持欢迎态度。对项目的审计同样属于项目工作,所以仍然由项目经理负责提供资源、进行安排,确保其得到执行。执行审计的人员不能是被审计工作的完成者,一般是第三方,比如组织或外部的审计人员。

2. 经典例题

例题 5.37

质量审计的目标包括以下所有,除了:

A. 总结质量管理的经验教训

B. 识别谁应该对质量问题负主要责任

C. 识别有效的质量管理做法

D. 确定对质量政策的遵守程度

【思路解析】审计的主要目的在上面已经列出,总结经验教训、识别最佳实践、确认合规性这三项都在其中。

【参考答案】B

例题 5.38

在质量控制期间,项目经理发现超出产品 A 的控制限值结果比质量测量指标中规定的频率高。项目经理决定启动质量审计。谁应该执行质量审计?

A. 公司或外部审计员　　B. 负责产品 A 的团队成员

C. 其他团队成员　　　　D. 项目经理

【思路解析】审计应由组织的审计员或者外部审计员进行。

注意本题目给出的是启动质量审计的典型情况——在控制质量的过程中发现不合格产品的比例过高，因此启动审计，目的是找出这一问题的根本原因并改进工作。

【参考答案】A

例题 5.39 由于发起人注意到产品性能问题越来越多，项目经理被解除在项目中的职务，新项目经理首先做什么？

A. 审查工作说明书（SOW）

B. 执行质量审计

C. 检查产品规格

D. 进行产品检查

【思路解析】新任项目经理首先要查阅项目章程以确认自身的职权及项目的关键要素，不过题目没有强调这个工作，而是直接让我们来解决问题。

产品的性能问题属于质量管理领域，要彻底解决问题，就必须找到根本原因并对过程加以改进。因此，新任项目经理应该执行质量审计，分析之前质量管理工作的合规性、有效性，找到问题的根本原因和改进方法。

【参考答案】B

例题 5.40 根据项目管理计划的规定，在项目的每个阶段都要进行质量审计。这种审计是哪个过程的工作？

A. 管理质量　　　　　　B. 结束项目或阶段

C. 规划质量　　　　　　D. 控制质量

【思路解析】《指南》给质量管理列出了三个标准过程，其中规划质量比较容易理解，容易混淆的是管理质量和控制质量。

管理质量面向的是工作过程，其思路是通过事先对过程的设计去保障质量，接近于很多组织中质量保证（QA）的概念。

控制质量的工作内容是对已经生产出的成果进行检查，这会得到两个方面的结论：第一，已经生产出的成果是否符合质量标准；第二，质量管理的过程是否存在问题。控制质量接近于质量控制（QC）的概念。

审计工作面向的是过程，因此属于管理质量的工作。

【参考答案】A

例题 5.41 质量审计的成本属于以下哪一类？
A. 预防成本　　　　　　B. 评估成本
C. 内部失败成本　　　　D. 外部失败成本

【思路解析】从质量成本的角度看，质量审计的意义在于改进工作，因此属于一致性成本中的预防成本。

【参考答案】A

例题 5.42 因为担心质量成本的分配方法有问题，项目发起人要求项目经理与公司质量部门经理合作，从而确定质量管理过程的有效性。谁应该负责确保质量审计得到适当执行？
A. 发起人　　　　　　　B. 质量部门经理
C. 项目经理　　　　　　D. 质量专家

【思路解析】项目经理负责为质量审计提供资源、进行安排，确保其得到执行。审计工作未必由项目经理主导进行，但责任人仍然是项目经理。

【参考答案】C

例题 5.43 用来检查风险应对措施在处理已识别风险及其根源方面的有效性，以及用来检查风险管理过程的有效性的工具是：
A. 风险评估　　　　　　B. 风险审计
C. 偏差和趋势分析　　　D. 技术绩效测量

【思路解析】见到"检查和提升过程的有效性"这样的表述，就要想到审计。风险审计是监督风险过程中使用的工具。

风险评估的对象是识别到的风险本身，而不是风险应对措施和风险管理过程的有效性。

【参考答案】B

例题 5.44 以下关于采购审计的说法，哪个是正确的？

A. 识别卖方的工作流程或可交付成果中的不足之处

B. 识别项目活动是否符合组织和项目的相关方针、方法及流程

C. 检查风险应对措施在处理已识别风险及其根源方面的有效性

D. 对从规划采购管理到控制采购的所有采购过程进行结构化审查

【思路解析】选项 A 不全面，采购审计既非只包含卖方工作，也非仅针对不足之处。选项 B 是对审计活动的一般性说法，而采购审计只针对采购活动。选项 C 的内容是风险审计。

选项 D 是正确的，采购审计旨在对规划、实施和控制采购过程进行结构化审查，从而总结经验教训，改进未来的采购工作。

【参考答案】D

5.10 PDCA 与六西格玛

1. 应用解析

PDCA（Plan-Do-Check-Act）是一种过程改进的方法，通过计划—实施—检查—行动的不断循环，实现质量和其他工作的持续改进。PDCA 分为四个具体步骤：

- Plan——计划。分析自身存在的问题或机会，明确改进的目标，制订改进计划。
- Do——执行。按照预定的计划加以实施，努力实现预期目标，并对执行过程进行测量和记录。
- Check——检查。根据计划的要求，定期检查、验证实际执行的结果，并与预期的效果进行比较。
- Action——行动。回顾总结，将有效的经验提炼为标准进行巩固；将遗留问题纳入下一个循环解决。

PDCA 针对的不是具体的成果，而是工作过程。每完成一个循环，工作

水平就获得一次提升，通过一次次循环上升，就实现了过程的持续改进。

PDCA 由休哈特提出，被质量管理大师戴明发扬光大，因此也称为"戴明环"。PDCA 体现的闭环控制思路在管理学中非常有影响力，《指南》的"计划—执行—监控"过程组的设定，就是基于 PDCA 的思路。

还有很多管理学的方法也都受到 PDCA 的影响：

- 六西格玛（Six Sigma/6σ）：由摩托罗拉公司于 20 世纪 80 年代提出，旨在发现工作中的非增值环节，开展过程改进以减少浪费，实现持续改进；后被通用电气（GE）发展为设计、改善和优化企业流程的技术。
- 精益六西格玛（Lean Six Sigma）：融合了源自丰田生产方式的精益思想与六西格玛管理的思维方式。
- 全面质量管理（Total Quality Management，简称 TQM）：以质量为中心，以全员参与为基础，把各部门的质量规划、控制和提高活动融为一体的管理方式。

PMI 对质量管理的基本思维是，不满足于就事论事地解决具体问题，而要实现质量的持续改进，因此 PDCA 的思维方式非常有价值。

2. 经典例题

例题 5.45 项目经理希望将质量管理技术引入项目。下列哪一项可以作为持续质量改进的基础？

A. 参数估算　　　　　　B. 计划—执行—检查—行动循环

C. 标杆对照　　　　　　D. 成本效益分析

【思路解析】PDCA 可以作为质量持续改进的基础。

【参考答案】B

例题 5.46 一家组织中标一个大型施工项目。项目团队正在实施一种不断优化执行效率的方法。项目团队应该使用什么方法作为改进基础？

A. 全面质量管理（TQM）

B. 计划—实施—检查—行动（PDCA）循环

C. 六西格玛

D. 精益六西格玛

【思路解析】这四种方法全都体现了持续改进的思维方式，其中 PDCA 是其他三项的基础。

此外，全面质量管理、六西格玛和精益六西格玛面向的都是质量领域，而 PDCA 面向的范围则不受限制。题目中提到"不断优化执行效率"，未必仅限于质量领域，因此选择 PDCA 是非常合适的。

【参考答案】B

例题 5.47 在项目执行期间，由于行业趋势下滑和产品价格下降，客户重新协商定价，这导致项目预算减少，项目经理确定必须大大改造类似项目中遵循的业务流程才能使项目取得成功。项目经理应该做些什么来确定改进的领域？

A. 检查风险报告　　　　　B. 审查经验教训

C. 使用精益六西格玛方法　D. 执行成本效益分析

【思路解析】业务流程必须彻底改造，那么如何确定需要改进的领域呢？还是要使用这一系列持续改进的工具。有 PDCA 则优先选择，此处没有 PDCA，选择精益六西格玛。

【参考答案】C

第 6 章
资源与团队领域

6.1 职责分配矩阵 –RACI 矩阵 ★★

1. 应用解析

职责分配矩阵（Responsibility Assignment Matrix，简称 RAM）也翻译成责任分配矩阵，用来显示工作和人员之间的关系。

在规划资源管理的时候，PMI 非常强调要清楚分配资源的角色和职责。角色和职责信息应该记录在资源管理计划中，可以使用文字，也可以使用表格或者图形的方式。职责分配矩阵就是使用图形的方式，属于数据表现工具；它可以在组织的各个层级应用，也可用于展现项目的内部和外部资源。

职责分配矩阵有两个维度，一个是人员，另一个是项目工作（一般体现为 WBS 中的工作包），两者交叉的格子用来显示人员和工作之间的关系。职责分配矩阵有一个常见的形式——RACI 矩阵。它把人员和工作之间的关系概况为四种情况：执行、负责、咨询和执行。

	项目经理	副经理	专家	助理	副经理
	张无忌	杨逍	韦一笑	五散人	范遥
解毒	C				A
接托	A	R			

（续）

	项目经理	副经理	专家	助理	副经理
	张无忌	杨逍	韦一笑	五散人	范遥
护卫	R	A			
放火	I		A	R	C
阻敌	I		R	A	C

- R（Responsible）——执行：参与完成工作的人。
- A（Accountable）——负责/终责/归责：此工作的唯一责任人。
- C（Consulted）——咨询：针对工作给出建议。
- I（Informed）——知情：需要了解工作情况。

按照 PMI 的原则，**每项工作都必须有且只有一个最终负责人**，无人负责或者"九龙治水"都是不允许的。注意，最终对工作负责的并不是"Responsible"角色，而是"Accountable"角色。"Accountable"这个词非常强调为职责范围内的某件事、某个过失承担责任，新考纲非常强调的"问责"对应的也是这个词。

【新考纲·领域一，人员】任务 4：向团队成员和相关方授权。
- 根据团队优势进行组织。
- 支持对团队实行任务问责（Support team task accountability）。
- 评估任务问责的表现情况（Evaluate demonstration of task accountability）。
- 决定和授予决策权的级别。

2. 经典例题

例题 6.1 下列哪一种图用来说明需要完成的工作与团队资源之间的关系？
A. 资源直方图　　　　　　B. 组织图
C. 控制图　　　　　　　　D. RACI 图

【思路解析】用来说明工作和人力资源之间关系的是 RACI 矩阵。选项 A

的资源直方图显示的是资源在不同时间的用量变化情况，不显示资源和工作之间的关系。

【参考答案】D

例题 6.2 一名新的项目经理被任命管理一个项目，而该项目已经在进行中。由于涉及的资源非常多，新的项目经理弄不清楚每个人的职责范围。新的项目经理可以参阅什么文件来解除他的困惑？

A. 项目组织图　　　　　B. 组织分解结构
C. 责任分配矩阵　　　　D. 资源分解结构

【思路解析】需要了解各个人员的职责范围，所查阅的资料必须同时包含人员和工作这两个维度，仅有职责分配矩阵（又称为责任分配矩阵）可以解决这个问题。

单纯的人员组织图不展示工作。而资源分解结构（Resource Breakdown Structure，简称 RBS）展示的是项目所需资源按照类别的层次分解结构，不涉及资源与工作之间的关系。

【参考答案】C

例题 6.3 项目经理正与两名都声称对某一特定可交付成果拥有所有权的职能经理交涉。项目经理可以查阅哪一份说明该问题的文件？

A. 工作分析结构　　　　B. 需求跟踪矩阵
C. 工作说明书　　　　　D. 责任分配矩阵

【思路解析】"拥有所有权"是对"Ownership"的直接翻译，其含义并不是指占有成果，而是指对成果负责，和"Accountable"有相似性。项目经理应该查看责任分配矩阵来确认这个成果的唯一负责人。

【参考答案】D

例题 6.4 一个项目团队包括项目经理所在公司的 15 名成员和来自客户组织的 10 名成员，此外还有 3 名团队成员来自外部顾问。项目经理应该在哪份文件中找到有关不同团队成员角色和职责的定义？

A. 资源管理计划 B. 项目组织计划
C. 人员管理计划 D. 资源分解结构

【思路解析】项目团队构成很复杂，但到底有多少人其实并不重要。团队成员的角色和职责的记录在资源管理计划中，具体形式可以是职责分配矩阵，也可以是文字或其他方式。注意，职责分配矩阵-RACI矩阵本身是资源管理计划的一部分。

【参考答案】A

陈老师注　读题的时候不要一字一字地精读，因为题目中还经常出现一些对解题完全无价值的冗余背景信息。要使用"速读勾画法"——对前面的背景信息进行快速浏览，在其中勾画出关键点，而题干的最后两句话必须认真阅读，因为其中包含了提问的时间点和要求你解决的具体问题。

例题 6.5 在一个项目中，团队有三个重要相关方和一个供应商，用什么文件防止工作发生重叠？

A. 组织过程资产 B. 责任分配矩阵
C. 活动清单 D. 工作分解结构

【思路解析】防止工作发生重叠还是要使用职责分配矩阵。工作分解结构只展示了工作的层级分解，不涉及人和工作的关系，不能防止工作发生重叠。

【参考答案】B

例题 6.6 一位新项目经理负责管理一个处于规划阶段之后的项目。新项目经理应该审查什么以确定团队的角色和职责？

A. 组织结构图 B. 资源管理计划
C. 项目章程 D. 工作分解结构

【思路解析】规划阶段之后就是执行阶段，见到"角色和职责"这几个字就清楚了，应该查阅资源管理计划中的职责分配矩阵-RACI矩阵。现在规划阶段已经结束，说明项目的资源管理计划已经完成了，可以作为参考。

【参考答案】B

陈老师注 如果题目给出的信息是在项目的启动阶段，就不能再选择资源管理计划了，因为这时项目管理计划还没有制订。启动阶段只能从项目章程中查看角色和职责的概要性信息。(《指南》：项目章程确保相关方在总体上就主要可交付成果、里程碑，以及每个项目参与者的角色和职责达成共识。)所以，区分项目所处的阶段非常重要。

例题 6.7 代表不同组织的两名项目团队成员分别制作了各自的初始需求文件，项目经理应该在沟通管理计划中添加什么内容以避免将来重复工作？

A. 责任分配矩阵（RAM）   B. 报告方法

C. 相关方需求   D. 升级上报需求

【思路解析】避免重复工作的方式仍然是责任分配矩阵。清晰地记录责任分工，可以避免重复工作和其他冲突。责任分配矩阵本身包含在资源管理计划中，也可以被其他计划引用来说明问题。

【参考答案】A

6.2 资源日历 ★

1. 应用解析

资源日历（Resource Calendar）是用于记录资源可用性的项目文件。

可用性（Availability）指的是某个资源什么时间能投入项目工作，能为项目工作多久。地理位置差异、假期安排和其他项目的占用等制约因素都会影响资源的可用性，因此，《指南》建议编制资源日历这个专门的项目文件来记载资源的可用性。

资源日历同时包含了资源的属性信息，如经验、技能、地理位置等。在面对资源短缺或技能不足的情景时，如果需要核实可用性，项目经理就要查看资源日历。

与资源日历有关的一个项目文件是项目日历，它记载了项目在哪些时间可以开展工作，在考试中考查相对较少。以一个家庭装修项目为例，小区规定仅在工作日的非休息时间可以开工，这个信息应该记录在项目日历中；而某个水电工仅在周三到周五有空来工作，应该记录在资源日历中。

注意，资源日历是独立的项目文件，不包含在资源管理计划中。

2. 经典例题

例题 6.8 一个新员工被安排负责项目的资源保障工作，他必须了解项目可用资源的种类、属性、何时可用以及可用多长时间等信息，这时你建议他可以去查阅哪个文件或计划？

A. WBS 词典　　　　　　B. 采购管理计划

C. 资源日历　　　　　　D. 资源管理计划

【思路解析】题干中提及的各种信息记录在资源日历中，而非资源管理计划中。

选项 A 的 WBS 词典中可以列入工作包所需的资源信息，但不会如此全面。选项 B 的采购管理计划中不会包含这些内容。

【参考答案】C

例题 6.9 在项目执行期间，项目经理发现由于团队成员在可交付成果交付到期日之前休假而导致延期。为避免这个问题，应事先更新下列哪一项？

A. 资源管理计划　　　　B. 资源日历

C. 沟通管理计划　　　　D. 风险管理计划

【思路解析】注意题目的问法是"问事先"。资源的可用性由资源日历记录，如果事先更新了资源日历，记录下此成员在这个阶段将因为休假而无法投入项目工作，项目经理就可以寻找解决办法，避免项目延期。

【参考答案】B

例题 6.10 为了创建项目进度计划，项目经理估算资源活动制约因素。全球项目团队成员在不同的时区并遵循不同的节假日。另外，团队成员被分配到多个不同项目。若要更好地理解资源制约因素及其对项目的影响，项目经理应该怎么做？

A. 创建资源分解结构　　　B. 执行蒙特卡洛分析

C. 执行资源储备分析　　　D. 创建资源日历

【思路解析】团队成员分布在不同时区、有着不同的节假日，其他项目又在抢人，这都使得团队成员并非随时都能投入项目工作，这就是资源的制约因素。分析这些制约因素并将其记录下来，就是编制资源日历的过程。

选项 A 的资源分解结构展示的是资源按照类别划分的层级结构，并不记录其可用性情况。选项 C 的资源储备分析是应对风险的，不适用于此处。

【参考答案】D

例题 6.11 为提高信任度和改善人际关系，一个虚拟团队的项目经理安排了一次非现场团队建设活动。然而，由于进度冲突，一名关键团队成员不能参加活动。为避免这个冲突，项目经理应已经审查了哪些内容？

A. 项目人员配备　　　　　B. 资源日历

C. 项目进度表　　　　　　D. 项目组织图

【思路解析】为项目而开展的团队建设活动属于项目工作的一部分，也需要查看资源日历来进行安排。

【参考答案】B

6.3　团队章程与基本规则 ★★

1. 应用解析

团队章程（Team Charter）是用于统一团队的价值观、帮助团队建立共识的文件。其中规定了团队的基本规则、沟通方式和冲突的处理原则等内容。团队章程可以由组织拟定下发，也可以由团队参与制定，后者是更为推荐的方式。

基本规则（Ground Rule）属于团队章程的一部分，用于进一步明确团队成员的行为准则。项目经理应该确保团队成员了解并遵守基本规则，同时要对违规行为进行纠正，从而减少不必要的冲突。

PMI 非常重视程序和规则的价值，对于团队，强调用制定团队章程、基本规则的方式进行约束。类似的契约性共识（如团队合同、社会合同）不仅可以影响团队成员，也可以影响其他相关方。

【新考纲·领域一，人员】任务 12：定义团队的基本规则。
- 将组织原则告知团队和外部相关方。
- 营造遵守基本规则的环境。
- 管理和纠正违反基本规则的行为。

在敏捷环境下，由于团队以自组织的方式进行合作，对互相沟通和配合的要求更高，就更需要建立一致的行为规范，团队章程也因此尤为重要。团队章程将明确项目的愿景和目标，规定团队成员之间彼此合作和互动的方式，这对创建和维护敏捷环境很有价值。敏捷项目经理应该发挥自己的"服务型领导力"，促进团队在这些方面形成共识。

2. 经典例题

例题 6.12 两位项目团队成员在项目会议上就项目问题发生言辞冲突。发生这种情况时项目经理无法控制。项目经理事先应如何做就可以避免这一状况？

A. 避免双方参加同一个会议

B. 开除意见更为激烈的成员

C. 使用强迫/命令的冲突解决方式

D. 制定一些基本规则

【思路解析】注意提问方法是"问事先"，所以首先从逻辑上否定掉站在当前时间点解决问题的选项 B 和选项 C（当然，选项 B 本身也不符合价值观）。

A "避免双方参加同一个会议"是一种逃避性的方法，不能用这种方式回避冲突。对待冲突的态度是允许适度的冲突发生，但要让其获得合理的解决。因此，要从团队章程和类似的契约性共识考虑，选择"制定一些基本规则"。

【参考答案】D

例题 6.13 一个项目落后于进度，并超出预算。由于相关方压力增大，项目团队是在高压下工作，这导致了质量经理与生产经理之间的冲突，每一方都为项目延误和成本超支而指责对方。项目经理应该怎么做？

A. 与两位经理会面，并要求他们立即结束冲突，以避免对项目造成负面影响

B. 与相关方讨论该情况，并遵照他们的建议处理冲突

C. 与两位经理的主管会面，讨论可能的行动

D. 查阅团队章程以了解如何处理这个冲突的指导方针

【思路解析】在《情景模拟》中曾反复强调过，**程序性选择优于具体选择**。选项 D 的做法是查阅团队章程以获得指导方针，就是典型的程序性选择。

团队章程应该规定了这种情况的处理方法，比如优先用何种方式解决，何时需要上报主管等。我们无法获知具体的处理方式，但程序性选项指明了解决问题的正确方向和合规的步骤，更加全面和稳妥。

选项 A 是一种压迫型的处理方法，不推荐。选项 C 直接上报的做法是不好的。

【参考答案】D

例题 6.14 一位新团队成员加入一个项目。项目经理的纪律严明，并期待按时参加每周会议。这位新成员来自一个文化自由的组织，习惯于参加各种会议都迟到，当问到为什么迟到，该团队成员回应说他们忙于处理可交付成果，他们认为应该优先处理可交付成果。项目经理应该怎么做？

A. 暂停该团队成员的工作并解释这种行为是不允许的

B. 再次与该团队成员会面，解释守时至关重要

C. 忽略这种行为，因为这名团队成员正在确保工作不受影响

D. 强调基本规则并影响团队，以便所有人都了解并遵守这些规则

【思路解析】团队之间文化的不同引起了行为上的偏差。因此，项目经理应该强调基本规则，让这位成员了解团队的基本规则并确保遵守，从而使他更好地融入团队。

【参考答案】D

例题 6.15

一个国际项目的团队由来自不同的背景、年龄和兴趣的个人组成。项目一开始后就发现他们未能齐心协力一起合作，项目经理如何才能促进更好的团队合作？

A. 举行正式的团队会议来讨论团队合作的重要性

B. 与团队开会以解释基本规则、共同愿景和价值观，并更好地理解团队成员的优先级

C. 请人力资源部门对团队进行多样性方面的教育和培训

D. 让团队自行建设，然后在下一次绩效评估会议上处理问题

【思路解析】明确团队的基本规则，有助于团队在行为上互相协调，避免不必要的冲突，提升团队的凝聚力。

【参考答案】B

6.4 培训

1. 应用解析

培训（Training）是为了提高项目团队成员的能力而进行的活动，是建设团队过程的典型工具。

对项目团队成员进行培训，使其具备完成项目所需的管理或技术能力，属于项目工作的一部分，应该由项目经理最终负责，其方案记录在资源管理计划中。与此相区别，员工的日常业务培训是由职能经理负责的。

团队成员技能不足是很常见的考查情景，如果项目时间不紧张的话，项目经理应该优先选择对现有的团队成员进行培训以提升其技能。

新考纲专门强调了项目经理要确保团队成员和相关方完成适当的培训，总体思路体现了 PDCA 循环的持续改进思路：根据项目需求确定培训的目标和内容—据此制订培训方案—为培训分配资源—开展培训并衡量结果。

【新考纲·领域一，人员】任务 5：确保团队成员/相关方完成适当培训。
- 确定培训后必须具备的能力，以及培训的组成部分。
- 根据培训的需要确定培训方案。
- 为培训分配资源。
- 衡量培训结果。

从质量成本的视角看，培训是为了提高团队成员的能力、统一对项目质量管理的认识，从而预防质量问题的产生，因此属于一致性成本中的预防成本。

更多内容，请见《情景模拟》中的"3.2 资源短缺/技能不足"。

2. 经典例题

例题 6.16 项目经理识别到一项需要特殊知识的任务，但团队成员都没有这方面的知识，项目经理认为即将开展的项目也会出现类似的情况。项目经理下一步应该怎么做？

A. 为团队准备一个培训课程，并考虑到成本和时间
B. 请客户修改需要这些特殊知识的可交付成果
C. 将团队成员更换为更有经验的人员
D. 提交变更请求以修改项目范围

【思路解析】团队成员的技能不足，那就采用培训的方式来提升技能，不能削足适履地调整范围来适应技能不足的情况。选项 C 要求换人的思路也是不对的，项目经理应该通过培训团队成员来解决这个问题。

【参考答案】A

例题 6.17

项目经理加入一个项目，但项目团队缺乏必要的技能来产生一个关键可交付成果。项目经理应该怎么做？

A. 将该可交付成果分配给一名拥有学习新技能能力的团队成员
B. 与项目发起人协商，聘请拥有必要技能的外部资源
C. 终止执行项目，直到必要的资源出现
D. 将培训作为项目管理计划中项目工作的组成部分

【思路解析】在缺乏必要技能的情况下，项目经理应首先考虑通过培训的方式来提升团队成员的能力。如果时间来不及，项目经理再考虑聘请外部资源。

【参考答案】D

例题 6.18

项目团队的一位新成员因为看不懂网络图，也不知道关键路径、浮动时间这些术语，很难与项目经理和其他团队成员交流。这个问题应该如何解决？

A. 新成员所在的职能部门经理有责任提供针对性培训
B. 项目经理有责任为新成员提供针对性培训
C. 公司人力资源部有责任为新成员提供针对性培训
D. 要求新成员自学项目管理以满足工作需要

【思路解析】这个团队成员缺少的是进度管理方面的知识，属于项目工作范畴，应该由项目经理负责安排培训。

职能经理负责的是日常与职能线相关的专业技能培训，公司人力资源部负责的是规章制度、企业文化等通用性的培训。

【参考答案】B

例题 6.19

一个矩阵型组织中新任命的项目经理加入一个处于执行阶段的项目。在团队访谈期间，项目经理发现成员们在技能和专业知识方面非常多样化。团队中有一半成员刚接触项目化环境，而另一半成员则不熟悉业务领域。项目经理应该做什么？

A. 为职能团队成员安排项目管理培训，为所有其他人员安排业务领域培训

B. 创建一个技能矩阵，然后根据团队成员的技能和发展需求向团队成员分配各自的职责

C. 将该情况升级上报给项目管理办公室（PMO），并要求提供一个更加平衡的团队

D. 签发变更请求，延长截止期限，以便解决可能由技能差距导致的延迟

【思路解析】"刚接触项目化环境"的意思是没有项目管理经验，"不熟悉业务领域"的意思是缺少专业经验，都属于技能不足的问题，这时应该因材施教，分别进行有针对性的培训。

注意选项 B 中根据成员的发展需求向其分配责任的思路是不正确的。管理项目要因事设人而不要因人设事，项目经理负责培训团队成员的技能来满足项目要求，但成员长远的发展需求应该由职能经理负责。

【参考答案】A

6.5 集中办公

1. 应用解析

集中办公（Co-location）是把全部或部分团队成员聚集到同一个地点工作，从而增强团队能力的方法，也称为"紧缩矩阵/紧密矩阵"（Tight Matrix）或"作战室"（War Room）。

集中办公可以贯穿整个项目，也可以在项目的部分时间进行。

集中办公提供了面对面交流的机会，给成员之间增进沟通、解决冲突提供了合适的环境，能显著提升项目的绩效。集中办公的场地里经常会张贴与项目的组织、计划和监控相关的信息图表，以便形成适当的"作战氛围"。

集中办公的使用是有前提条件的，一般限于团队分散在同一栋楼的不同办公室或者同一个城市的不同区域；如果团队在地域上的散布已经超过一个

城市（如处在不同时区甚至不同大陆），就不能选择集中办公了。

2. 经典例题

例题 6.20 一个项目正处于在客户工厂的最终测试和验收阶段。若要满足项目期限，项目经理应使用哪一项？

A. 观察 / 对话　　　　　　B. 集中办公

C. 强迫 / 指导　　　　　　D. 基本规则

【思路解析】集中办公可以提高效率，是促进团队成员互动、改善团队整体氛围以提高项目绩效的一种方式。很多企业在项目上线前采用的"封闭开发"，其实是集中办公的一种强化形式。

【参考答案】B

例题 6.21 你的团队分散在城市两边的两栋大楼里。结果是团队没有凝聚力，因为他们互相不太了解。由于分离的问题，团队仍处在震荡阶段。你应该考虑以下哪项？

A. 纠正措施　　　　　　　B. 集中办公

C. 培训　　　　　　　　　D. 冲突解决方法

【思路解析】团队的问题既然是由不在一处办公导致的，自然可以考虑使用集中办公来解决；团队处在同一个城市内，具备集中办公的条件。

【参考答案】B

例题 6.22 项目经理正在管理一个跨越多国的系统项目。在项目进度会上，项目经理发现这些不同地理位置的项目团队成员的进度不一致，而这可能影响依赖关系。为解决这种情况，项目经理应该怎么做？

A. 指定子项目经理为每个地理位置执行每周项目状态更新

B. 分配工作，让每个地理位置都不需要与其他地理位置互动

C. 使用一个共同的项目管理信息系统（PMIS）

D. 让所有项目团队成员集中办公

【思路解析】集中办公的前提是地理位置不能过于分散，所以在本题"跨

越多国"的制约因素下,不能选择集中办公。

为了增进沟通,可以使用共同的项目管理信息系统,使团队成员更容易分享和获取信息。这实际是下一小节"虚拟团队"工具应用中的一项工作。

【参考答案】C

6.6 虚拟团队★★

1. 应用解析

虚拟团队(Virtual Team)是指很少进行面对面工作的团队,一般分布在不同的地理位置,也称为分布式团队(Distributed Team)。

虚拟团队是一种获取资源的工具,有利于把不同地理位置的专业资源纳入项目团队;虚拟团队成员同样是项目团队的一部分,在项目工作上要接受项目经理的调配。

虚拟团队同时还是建设团队的工具,有助于拉近团队成员及相关方之间的距离,提升团队的工作绩效。

注意,并不是地域分散就自然形成虚拟团队。虚拟团队的建立和运行是需要做工作的,比如选择合适的沟通工具、规定信息和文件的分享方式、制定基本规则、管理冲突等。新考纲专门强调了利用虚拟团队让成员参与项目。

【新考纲·领域一,人员】任务11:让虚拟团队参与进来并为其提供支持。

- 审视虚拟团队成员的需要(例如环境、地理、文化、全球区域等)。
- 研究让虚拟团队成员参与进来的备选方案(例如沟通工具、集中办公)。
- 实施让虚拟团队成员参与进来的方案。
- 持续评估虚拟团队成员参与的有效性。

虚拟团队往往在沟通上面临挑战,如出现交流不畅、知识和信息难于分享等问题。要想改善沟通，根本方法是制订有效的沟通管理计划并加以执行；制订时应强调文化意识，即能够理解不同文化之间的差异，并据此调整沟通策略。

虚拟团队面临的另一个挑战是容易发生冲突。要想避免不必要的冲突，除加强沟通外，项目经理还应引导团队形成团队章程、基本规则等契约性的共识。

更多相关解析，请参见《情景模拟》中的"3.7 地域分散/文化多元"和"3.5 相关方冲突/缺乏共识"这两个情景的应对思路。

2. 经典例题

例题 6.23

一家跨国公司正在本地开发一款实用新技术平台数字产品。该平台唯一的一名专家位于公司总部，负责向不同国家提供支持。本地项目经理如何能够确保这位专家的参与？

A. 设计一份旅行时间表，以便及时提供现场支持

B. 使用虚拟环境将该专家包含在团队中

C. 要求项目发起人任命该专家为团队的全职成员

D. 要求团队成员根据需要与该专家联系，作为一种外部专业知识来源

【思路解析】项目需要一名专家，但唯一可用的资源不在本地而在公司总部，而且这个资源同时还在服务不同国家的很多项目。在这种地域分散且可用性受限的制约因素下，要确保这个资源参与到项目中，使用虚拟团队将它包含进来是最好的选择。这样，这个稀缺资源虽然并不到现场，也没被 7×24 小时全职安排在项目上，但是仍然有义务在约定的时间完成项目工作。

选项 A 的意思是让专家从总部不断地赶来现场工作，这样做的代价太大了。选项 C 的意思是把专家全职安排到项目上，这也是不合适的，因为专家还要兼顾其他项目。选项 D 的做法并未把专家包含在团队中，仅作为外部资源，无法确保他对项目的稳定投入。

【参考答案】B

例题 6.24

你的敏捷项目需要本地无法找到的专家。你可以在全球各地找到所需的资源，但由于各种限制，不能在项目期间对专家进行配置（对应英文为 Co-locate）。你认为推进项目的唯一方法是在虚拟环境下建立团队。启动会议将在几周后举行。要让团队参加会议，你的最佳行动方案是什么？

A. 让团队成员在会议期间连接到视频会议

B. 可能的话，带团队成员亲自参加启动会议

C. 将会议录下来并将录像发送给团队成员

D. 什么都不做，因为敏捷团队有权做出自己的决策

【思路解析】题目将 Co-locate 翻译为了"配置"，实际应为集中到一处。题目的制约因素是资源分散在全球各地，这种情况下不具备开展实体会议的条件，因此，虚拟会议是可行的解决方案。

在传统上，敏捷非常强调面对面沟通，甚至要求所有团队成员都聚集在同一个场所全职工作。当前，实践的发展和技术的进步已经让大家普遍接受敏捷团队的虚拟化，有些团队甚至在地理上分散于全球各地区，对于这种分布式团队，通过虚拟会议等方式来强化沟通就变得更加关键。

【参考答案】A

例题 6.25

项目经理正在为必须遵循最终期限的项目制订人力资源计划。一名团队成员最近被分配到另外一个国家，该团队成员的专业水平对项目成功和实现最终期限至关重要。而可用的本地资源专业水平各不相同。项目经理应该怎么做？

A. 通知项目发起人可能产生的影响，并让他们决定最终的行动方案

B. 分配新资源并减少项目范围，以满足最终期限

C. 计划一个可行的虚拟团队环境，并确保时区的所有团队成员的承诺

D. 使用更多本地资源来对项目进度赶工

【思路解析】一名团队成员被分配到了另一个国家，在地域上分散开了。

这个成员的专业能力对项目很重要，而本地资源又未必能满足要求，因此项目经理应该通过虚拟团队的方式让他在项目中继续工作。

【参考答案】C

例题 6.26 一个项目跨越不同国家，并且时间紧迫，公司未来的成功取决于是否满足最后期限。项目经理应该使用什么工具或技术来提高团队的执行能力？

A. 基本规则　　　　　　　B. 集中办公

C. 虚拟团队　　　　　　　D. 培训

【思路解析】四个选项对于提高团队的执行能力都有一定的帮助。题目中的关键信息是"跨越不同国家"，因此不适宜采用集中办公，选择虚拟团队是最为合适的。

虚拟团队不但能帮助项目团队获取资源，同时也是建设团队（提高团队工作能力）的方式，符合题目的要求。

【参考答案】C

6.7 冲突管理★★

1. 应用解析

冲突管理（Conflict-Resolution）是一种人际关系与团队技能，用于处理冲突。

（1）对冲突的基本认识

只要是各方出现了意见不同、做法不一致或者工作不配合的情况，都可以认为是冲突。传统上，人们将冲突看作完全负面、应该彻底消灭的事；而目前的观点认为，冲突是正常的、不可避免的，建设性的冲突有助于创新和找到最佳的解决方案。

所以，对于冲突的基本态度应是：欢迎建设性的冲突；不用逃避的方式避免冲突，而是要通过对冲突的管理和控制实现最优决策。

新考纲第一条就要求我们对冲突有认识和分析的能力，并且寻找到适当的解决方案。

【新考纲·领域一，人员】任务1：管理冲突。
- 解释冲突的来源和所处阶段。
- 分析冲突发生的背景。
- 评估/建议/协调适当的冲突解决方案。

（2）管理冲突的五种策略

冲突发生后，应该首先由当事人通过私下沟通解决。如果冲突双方无法解决，项目经理可以介入，使用下面五种策略来解决冲突：

第一种，合作/解决问题（Collaborate/Problem Solve），指双方本着合作的态度了解各种观点，并通过沟通统一了思想，选择了共同认可的决策。

凡是尝试使用交互式沟通来解决冲突的，都属于合作/解决问题，比如见面讨论、一起开会等。交互式沟通有助于双方从多个角度看待问题，并解决分歧，达成共识。

合作/解决问题是唯一能够彻底解决冲突并实现双赢的方式，因此是理想条件下的最佳选择；如果没有给出任何制约因素，要优先选择这个方法。与其相类似的手段还有问题解决会、引导/引导式研讨会等。

第二种，强迫/命令（Force/Direct），指利用权力，在冲突双方中选择一方的意见作为最终决策。

合作/解决问题需要双方有充足的时间来达成共识，而在时间紧急、冲突已经显著影响项目工作的情况下，双方必须快速得到决策，此时就要选择强迫/命令的方式。强迫/命令是高度面向决策的，冲突双方的结局是一输一赢。

第三种，缓和/包容（Smooth/Accommodate），指求同存异，通过强调双方的一致性来缓和情绪、进行安抚。

如果冲突双方的情绪已经非常激烈了，这时首要问题是避免冲突继续升级，就要采用缓和/包容的方式，通过强调双方的一致性而非差异性来缓和情绪，让双方不要"撕破脸"。

缓和/包容是面向情绪而非决策的，其实并没有解决冲突，但是抑制了冲突的进一步升级，为以后真正解决冲突保留了空间。

第四种，妥协/调解（Compromise/Reconcile），指冲突双方各退一步，都实现一部分诉求，但都没有获得完全满足。

妥协/调解的结果可能双方都不满意，但至少可以使冲突在未来一段时间不再发生，是一种低成本处理问题的方式，所以在实践中经常使用。尤其当冲突双方的权力较为平等时，人们经常会采用这种方法。

第五种，撤退/回避（Withdraw/Avoid），指暂时搁置，从冲突中撤出，不加以解决。

撤退/回避适用于下列情况：冲突很小、冲突在未来解决更好、冲突由其他人来解决更好、项目经理需要收集更多信息等。

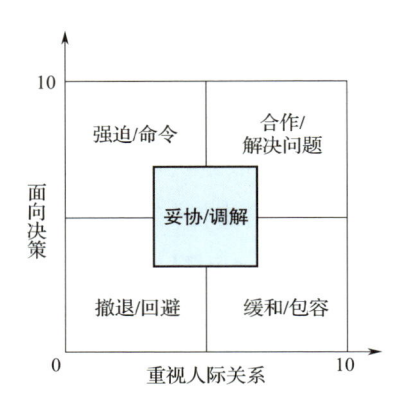

可以从面向决策和重视人际关系这两个维度对上述五种方法进行总结：

- 合作/解决问题同时注重这两个维度。
- 强迫/命令完全面向决策，不考虑人际关系。
- 缓和/包容注重人际关系，不考虑决策，甚至并未得到决策。
- 妥协/调解在这两个维度上都居于中等地位。
- 撤退/回避在两个维度上都没有收获。

2. 经典例题

例题 6.27 两名项目团队成员之间的冲突正在扰乱项目团队。若要解决这个问题，项目团队成员应该怎么做？

A. 将问题上报给项目发起人解决

B. 互相开会讨论这个问题

C. 忽视该冲突，因为他们都是专业人员

D. 让项目经理代表项目团队解决该问题

【思路解析】首先，发生冲突的团队成员自己有责任解决这个冲突；如果无法解决，应该由项目经理代表团队出面介入解决。

【参考答案】D

例题 6.28 在得知团队中发生冲突之后，项目经理尝试通过强调团队达成共识的方面，而不强调未达成共识的方面来解决冲突。这属于以下哪一种冲突解决技术的范例？

A. 妥协/调解　　　　　　B. 缓解/包容

C. 合作/解决问题　　　　D. 撤退/回避

【思路解析】求同存异，属于缓和/包容。

【参考答案】B

例题 6.29 为保证下次项目交付，两个项目团队在相同的时间范围内需要相同的关键资源。项目经理首先应该做什么？

A. 通知客户将延迟交付

B. 通知资源加班工作完成两项活动

C. 审查资源管理计划并联系一家首选顾问公司

D. 与两名团队领导安排一次联合问题解决会议，确定可能的行动

【思路解析】对资源的争夺也属于一种冲突，最佳方法是通过互动式沟通达成共识，如选项D，这是合作/解决问题的方式，是理想情况下的最佳选择。

【参考答案】D

例题 6.30 从实际或潜在冲突解决方案退出属于下列哪一项冲突解决技巧？

A. 缓解 / 包容　　　　　　B. 撤退 / 回避

C. 妥协　　　　　　　　　D. 合作

【思路解析】从冲突解决方案中退出，不解决这个冲突，属于撤退 / 回避。

【参考答案】B

例题 6.31 一名关键项目团队成员就工作量过多向项目经理提出抗议。他们详细讨论了哪些工作可以重新分配，以及团队成员若要完成所分配的工作，将在哪些方面比较困难。项目经理采用的是哪项冲突管理技术？

A. 强迫 / 命令　　　　　　B. 撤退 / 回避

C. 妥协 / 调解　　　　　　D. 合作 / 解决问题

【思路解析】讨论属于互动式沟通，双方通过讨论交换意见并寻找解决方案，是典型的合作 / 解决问题。

【参考答案】D

例题 6.32 两名项目团队成员意见有分歧，项目经理担心这将延迟项目执行。项目经理与两名成员谈话，强调一致而非差异。项目经理使用的是哪种冲突解决技巧？

A. 强迫 / 命令　　　　　　B. 妥协 / 调解

C. 缓和 / 包容　　　　　　D. 撤退 / 回避

【思路解析】"强调一致而非差异"就是缓和 / 包容，目的是给冲突降温，避免升级。

【参考答案】C

例题 6.33 两名项目团队成员发生人际关系冲突。团队成员 A 比团队成员 B 拥有更多职权。团队成员 A 经常使用该职权来推翻团队成员 B 的意见。若要长期解决该冲突，项目经理应该使用哪一项冲突管理技巧？

A. 合作 / 解决问题　　　　B. 强迫 / 命令

C. 撤退 / 回避　　　　　　D. 缓解 / 包容

【思路解析】合作 / 解决问题是唯一能够长期解决冲突的方法。该方法通过综合考虑不同的观点，采用合作的态度和开放式对话，引导各方达成共识。

【参考答案】A

例题 6.34 在一次项目状态团队会议上，一名团队成员与另一名团队成员在纠正措施方面有不同意见，争论持续升级，很快语气都变得很强硬，其他团队成员没有参与。项目经理直接命令团队使用纠正措施。项目经理使用的是哪种冲突解决技巧？

A. 妥协　　　B. 强迫　　　C. 撤退　　　D. 缓解

【思路解析】"直接命令"，使用的是强制性权力，属于强迫 / 命令。

【参考答案】B

例题 6.35 在项目状态会上，项目经理与团队一起审查多个风险领域，并为每个风险领域建议一个减轻计划。一名团队成员为两个风险建议了一种不同的风险减轻策略。项目经理与项目团队一起审查所有方案。项目经理使用的是下列哪一种冲突解决模式？

A. 合作 / 解决问题　　　　B. 撤退 / 回避

C. 妥协 / 调解　　　　　　D. 强迫 / 命令

【思路解析】建议的策略不同，这就是一种冲突；项目经理与团队一起审查方案，意在通过沟通取得共识，属于合作 / 解决问题。

【参考答案】A

例题 6.36 在每周团队会议期间，项目经理注意到一名团队成员持续不断地表达一个与项目范围不相符的个人议程。项目经理拒绝搭理这名破坏性团队成员。项目经理使用的是哪种冲突解决方法？

A. 撤退/回避　　　　　　　B. 缓和/包容

C. 妥协/调解　　　　　　　D. 合作/解决问题

【思路解析】置之不理，不加以解决，属于撤退/回避。

【参考答案】A

例题 6.37 当你的目标是要获得对一个问题的持久的双赢的解决方案时，你应该使用哪一种冲突解决技巧？

A. 解决问题　　　　　　　B. 缓解

C. 回避　　　　　　　　　D. 撤退

【思路解析】合作/解决问题是唯一能够长期解决冲突的方法；只有获得了双方都认可的结论，才能实现双赢。

【参考答案】A

6.8　团队发展阶段模型 ★

1. 应用解析

团队发展阶段模型（Stages of Team Development）是由心理学家布鲁斯·塔克曼（Bruce Tuckman）提出的经典理论，将团队的发展表述为形成、震荡、规范、成熟和解散这五个通常要经过的阶段，也称为"塔克曼阶梯理论"。

（1）五个阶段的划分与特点

阶段一：形成阶段/创建阶段（Forming Stage）

- 团队成员刚刚聚到一起，互相之间缺乏了解，因此还处在观望状态，冲突尚未暴露出来。
- 团队缺乏清晰的工作目标，工作职责与个人角色不够明确。
- 团队领导要起主导作用。团队领导的主要工作是明确方向、确定职责、制定规范与标准、进行培训。

阶段二：震荡阶段（Storming Stage）

- 成员之间的边界开始打破，出现观念和个性的碰撞，冲突显著增多。
- 团队领导应具有解决冲突的能力，从而维护积极的工作环境。
- 团队开始从事项目工作、制定技术决策和讨论项目管理方法。

阶段三：规范阶段（Norming Stage）

- 成员彼此更加了解，信任程度增强，冲突减少，开始有意识地解决分歧。
- 团队的流程、标准、规则得到确立，成员接受自己的角色和团队的权力架构。
- 成员更加关注目标与任务，工作技能逐渐提升，适应新的环境、技术和流程。

阶段四：成熟阶段/执行阶段（Performing Stage）

- 团队高效运行、协作良好，工作技巧趋于成熟，产出效率很高。
- 团队呈现出开放、坦诚、沟通顺畅且及时的状态，成员之间相处愉快，并乐于融入团队，冲突很少。
- 团队领导应该增加支持，多进行授权，帮助团队发展。

阶段五：解散阶段/休整阶段（Adjourning Stage）

- 团队使命宣告结束，团队面临解散；成员将进行休整，准备进入下一个工作周期。
- 如果团队建立了良好的关系，一些成员可能会对离开团队感到难过。
- 不同的休整方式会对团队成员造成不同的心理影响，团队领导要做好成员思想的引导，说明休整的必要性及意义，让员工认同组织的决定。

（2）工作绩效和团队精神的变化

塔克曼认为，在团队发展的这五个阶段中，不同阶段的工作绩效和团队精神的水平存在很大差异。

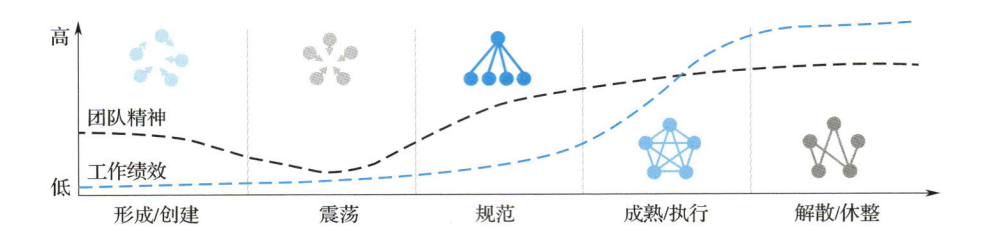

工作绩效在团队发展过程中始终是提升的，但在前两个阶段提升较慢，进入规范阶段之后提升更加显著，而在成熟阶段则迅速提升。

团队精神一般用冲突的数量来衡量。当团队进入震荡阶段时，因为冲突开始暴露，团队精神反而会出现下降，直到规范阶段才开始回升，并在此后一直维持较高的水平。

进行团队建设，就是要分析团队所处发展时期，了解其特点和发展规律，对症下药，采用恰当的领导方式，减少团队内耗，降低发展成本，提高团队绩效。

（3）对团队发展阶段模型的正确理解

团队发展阶段模型是描述小规模团队发展很有价值的工具，但不要把它的五个阶段理解为团队发展中必然会经过的单向过程：

- 团队需要良好的引导才能推进到规范阶段乃至成熟阶段；有些团队可能始终处于震荡阶段，甚至无法通过震荡阶段而直接解散。
- 团队在人员出现变化时可能会返回更早期的阶段，如形成阶段或震荡阶段。
- 如果团队成员曾经共事过，团队也可能跳过某个阶段，更早地进入成熟阶段。

2. 经典例题

例题 6.38 作为一个团队的候选项目经理人选，项目经理加入了一个新项目。在首次会议上，项目经理发现对于技术决策有太多不同的意见，团队成员彼此并不尊重，会议起到相反的效果。该团队所处的阶段为：

A. 震荡阶段　　　　　　B. 形成阶段
C. 规范阶段　　　　　　D. 成熟阶段

【思路解析】冲突太多，团队成员甚至彼此不尊重，会议效果适得其反……这是震荡阶段的典型特征。

注意这不是形成阶段。形成阶段的团队成员还处在观望状态，矛盾并没有充分表现出来。

【参考答案】A

例题 6.39 在项目收尾的庆功会上，团队成员喜欢轻松的氛围，愿意和其他成员分享项目经验和故事，请问该团队处于什么团队建设的阶段？
A. 规范　　　B. 成熟　　　C. 震荡　　　D. 解散

【思路解析】收尾的庆功会，肯定属于解散阶段。

注意解散阶段不是"解散后"阶段，在解散后团队已经不复存在了。解散阶段指的是团队在完成主要工作以后、解散之前的这段时间。面对即将到来的解散，项目经理需要对成员开展一些心态上的疏导和调整工作。现在团队的心态很好，说明项目经理的工作行之有效。

【参考答案】D

例题 6.40 团队士气低落。团队成员之间存在严重冲突，多名团队成员同时发言，造成项目会议没有成效。团队处于下列哪一个发展阶段？
A. 解散阶段　　　　　　B. 成熟阶段
C. 震荡阶段　　　　　　D. 形成阶段

【思路解析】冲突严重，互相之间缺乏协作，是震荡阶段的典型情况。

【参考答案】C

例题 6.41 项目经理观察到有些项目团队成员开始调整工作习惯以配合其他成员。但是，他们彼此仍然缺乏信任。项目经理可以得出下列哪一项结论？

A. 团队处于规范阶段，很有可能进入到成熟阶段

B. 团队处于规范阶段，很有可能退回到震荡阶段

C. 团队处于震荡阶段，很有可能进入到规范阶段

D. 团队处于震荡阶段，很有可能退回到形成阶段

【思路解析】团队成员"开始调整工作习惯以配合其他成员"，说明震荡阶段已经过去，开始进入规范阶段；但是"彼此仍然缺乏信任"，说明状态还不够稳定，如果有干扰因素，可能又会退回到震荡阶段。

【参考答案】B

例题 6.42 一个敏捷团队拥有 11 名集中办公的团队成员，他们以一个稳定的速度执行工作，在第九次迭代中，有些团队成员离职，并由分布在不同地理位置的成员代替。敏捷项目管理者应对新团队有何期待？

A. 团队将经历形成阶段，并将以之前项目团队相同的速度水平执行工作

B. 在团队以稳定的速度执行工作之前，团队将经历震荡阶段，并在更为频繁的沟通中规范化

C. 团队将处理和解决所发生的任何团队冲突

D. 团队成员将关注他们自己的可交付成果和进度

【思路解析】从阶段模型看，团队"以稳定速度执行工作"相当于已经进入了成熟阶段，这是符合规律的，敏捷团队一般需要经过 4~8 次迭代，才能进入比较稳定的工作状态。这时团队发生了变化，有些成员离职并由异地的成员代替，问"对新团队有何期待"，即如何看待这个变化。

即使团队已经进入成熟阶段，如果成员发生了重大变化，也会出现迭代，重新经历此前的过程。这个团队在重组后还增加了地域分散的因素，不可能继续处于成熟阶段，选项 B 就是对迭代过程的描述。

在新考纲实行后，敏捷环境的题目越来越多，让很多同学产生了顾虑。实际上，敏捷环境和预测环境并非在所有的问题上都迥然不同，如在团队发

展方面遵循的规律是一致的，都可以用阶段模型进行描述。

【参考答案】B

例题 6.43 项目经理从一个符合进度和预算的项目中辞职。在聘用替代的新项目经理后，团队反对新项目经理提出的意见。团队处于下列哪一个发展阶段？

A. 形成阶段　　　　　　B. 规范阶段
C. 成熟阶段　　　　　　D. 震荡阶段

【思路解析】项目本来的状态是符合进度和预算，应该已经处于成熟阶段，但项目经理的更替可能会引起团队阶段的迭代。现在，"团队反对新项目经理提出的意见"，说明出现了明显的冲突，应该属于震荡阶段。

【参考答案】D

例题 6.44 项目经理正在领导一个正在努力协作的多元文化团队。项目经理一开始将此视为团队建设的典型震荡阶段，但团队未能成功通过该阶段。结果，项目开始落后于进度。项目经理在第一次发现这个问题时应该做什么？

A. 命令团队成员将他们的分歧放在一边，努力实现共同的项目目标
B. 让团队成员放心，一旦他们彼此熟悉，冲突便会减少
C. 召开团队讨论和会议以处理不同文化的做法和沟通风格
D. 确定哪些团队成员造成冲突，并采用循序渐进的纪律处分措施

【思路解析】团队未能成功通过震荡阶段，后果是项目开始落后于进度。本题问项目经理在第一次发现问题时应该做什么，这属于"问事先"的问法，需要从问题的根本原因出发来解决。

震荡阶段的主要问题是冲突显著增加，从团队的背景看，多元文化可能是症结所在。所以，项目经理在第一次发现问题时，就应该聚焦在冲突的有效解决上，通过处理不同文化带来的差异、沟通解决冲突，让团队顺利通过震荡阶段。

选项 A 用命令的方式让团队成员抛弃分歧，这是做不到的。选项 B 寄希望于成员彼此之间的熟悉会减少冲突，也是不现实的；震荡阶段的冲突本来就是随着大家互相熟悉而暴露出来的，尤其在多元文化的环境中，更需要项目经理来做工作。选项 D 使用纪律处分来解决冲突是错误的。

【参考答案】C

6.9 团队建设 ★

1. 应用解析

团队建设（Team Building）是一种人际关系与团队技能。团队通过举办各种活动，强化团队成员的社交关系，打造积极合作的工作环境。

对这个技能的理解很容易出现下面两种偏差：

首先，团队建设不同于《指南》中的"9.4 建设团队"这个过程。"建设团队"是提高工作能力、促进团队成员互动、改善团队整体氛围，从而提高项目绩效的一个项目管理过程；可以使用的工具包括集中办公、虚拟团队、培训、认可和奖励，以及多种人际关系与团队技能。而"团队建设"仅仅是其中的一种工具，远远小于"建设团队"这个过程的含义。

其次，很多读者在遇到团队成员之间的冲突和沟通问题时，经常寄希望于通过团队建设来解决。实际上，在 PMI 的各种工具中，团队建设的优先级非常靠后。因为团队建设的意义在于改善人际关系，这确实在一定程度上有助于减少冲突、增进沟通，但不如强调规则更符合 PMI 的理念，大家解题时要注意这一点。

2. 经典例题

例题 6.45 项目经理与团队定期举行虚拟会议。在执行阶段，项目经理注意到两名特定团队成员经常争辩和发生分歧，这导致会议超时并让团队其他成员分心。项目经理应该做什么？

A. 要求这些团队成员的职能经理解决这种行为

B. 认识到这是震荡阶段的一部分，并安排团队建设活动

C. 与团队成员讨论问题，如果继续存在该行为，则寻求管理层的决议

D. 告知这些团队成员他们的行为违反了团队章程，并将他们从团队中开除

【思路解析】根据价值观，我们可以直接排除掉错误选项：选项 A 要求职能经理解决的思路是错误的，项目经理必须自己承担起责任。选项 D 的前半段没问题，用团队章程来规范行为，但后半段直接开除的做法太激烈了，不能选择这样的做法。选项 C 也类似，前半段与团队成员讨论是没问题的，但"寻求管理层的决议"有威胁的意味，PMI 不提倡用威胁的方式去处理问题，而且在这个处理方法中项目经理自己也没有承担起责任。

所以，只有选项 B 是合乎价值观的，认识到这种冲突是团队震荡阶段的一部分，源自成员之间的边界打破后出现的观念和个性碰撞，为此可以安排团队建设活动，从而维护积极的工作环境。

【参考答案】B

例题 6.46 项目经理正在领导一个涉及跨职能需求和变更的新项目，一些关键相关方正在抵制这些变更，项目经理应该做什么？

A. 收集相关方需求　　　　B. 请项目管理办公室（PMO）协助

C. 举行引导式研讨会　　　D. 计划团队建设练习

【思路解析】关键相关方抵制项目带来的变化，应该通过引导/引导式研讨会统一思想、形成共识，从而解决这个问题。

在本节列入这道题目意在强调团队建设的局限性。虽然团队建设有助于缓解冲突，但并不能从根本上解决共识问题，引导/引导式研讨会才是更高优先级的选择。

【参考答案】C

第 7 章

沟通领域

7.1 沟通方式 ★

1. 应用解析

（1）三种沟通方法（Communication Method）

由于沟通各方之间的信息互动方式不同，沟通方法可以分为下面三种：

第一，交互式沟通（Interactive Communication）： 沟通各方之间你来我往、实时同步交流信息，如打电话、面对面会议、远程会议等方式。

交互式沟通需要双方同时投入时间，成本是相对较高的，因此一般用于需要立即获得反馈的场合。当需要促进参与者对某一话题达成共识时，交互式沟通是最有效的方法。前述的引导/引导式研讨会、合作/解决问题，都是通过交互式沟通进行的。

如果需要沟通的目标受众数量巨大或者内容过于复杂，交互式沟通就无法开展了。

第二，推式沟通（Push Communication）： 由信息的发送方主动发起，如发邮件、广播、发新闻通知等方式。

推式沟通的优点是可以将信息快速、低成本地发送出去；缺点是不能确保信息送达目标受众，也不能确保受众理解信息。因此，该沟通方式适合于不需要立即得到反馈的情况。

第三，拉式沟通（Pull Communication）：由信息的接收方自行获取信息，发送方此前已经将信息组织好供查阅，如搜索引擎、在线课程、企业内网、知识库等方式。

拉式沟通适用于信息庞杂和目标受众繁多的情况，如在项目管理中使用项目文件供团队查阅，就是一种拉式沟通。

在交互式沟通中，信息的发送和接收几乎是同步进行的；在推式沟通和拉式沟通中，信息的发送和接收可能是不同步的。

（2）沟通分类的其他维度

1）按照相关方与项目或组织的关系，沟通可分为：

- 内部沟通：针对项目内部或组织内部的相关方。
- 外部沟通：针对外部相关方，如客户、供应商、政府、非政府组织（NGO）和公众。

2）按照沟通是否根据明文规定的原则进行，沟通可分为：

- 正式沟通：报告、正式会议、会议议程和记录、简报和演示等。
- 非正式沟通：电子邮件、社交媒体、网站，以及临时讨论的一般沟通活动。

3）按照沟通是否代表组织的立场，沟通可分为：

- 官方沟通：代表组织的正式立场，如年报、公告、呈交监管机构或政府的报告。
- 非官方沟通：代表个人而非组织的立场，往往采用非正式的灵活手段。

4）按照相关方相对于项目团队的位置，沟通可分为：

- 向上沟通：针对高层相关方。
- 横向沟通：针对同级相关方。

- 向下沟通：针对承担项目工作的团队成员。

沟通方式的选择，直接影响信息传递的形式和内容。遇到问题，项目经理应该优先使用私下的非正式沟通来解决。项目经理尤其注意，不要公开批评，不要轻易采用升级上报的方式来处理问题。

2. 经典例题

例题 7.1　一家大型、全球性公司的员工分布在七个不同的国家。为确保项目成功，每个人无论其物理位置，必须能够方便地通过安全的内部网站访问培训。这使用的是哪种沟通方法？

A. 交互式沟通　　　　B. 编码沟通

C. 拉式沟通　　　　　D. 推式沟通

【思路解析】使用内网访问信息资源是典型的拉式沟通，由信息的接收方自行获取信息，而发送方需要事先把信息组织好并提供访问途径。搜索、上网课、查阅项目文件和知识库等形式，都属于拉式沟通。

【参考答案】C

例题 7.2　一个高知名度项目的项目经理必须告知相关方一个会导致延迟的问题，项目经理安排了一次视频会议以便明确传达问题，并且可以立即收到反馈意见。项目经理使用的是什么沟通方法？

A. 推式沟通　　　　　B. 拉式沟通

C. 网络沟通　　　　　D. 交互式沟通

【思路解析】开会是典型的交互式沟通。在此处选择交互式沟通是为了信息的明确传达和即时反馈。

【参考答案】D

例题 7.3　一个相关方非常担心，因为这个项目团队的成员在上一次的工作中由于沟通的问题对项目进度造成了严重的影响。项目经理现在应该选择什么沟通方式来避免这次项目犯同样的错误？

A. 交互式　　　　　　　B. 推式

C. 横向　　　　　　　　D. 拉式

【思路解析】交互式沟通最有利于消除障碍，避免误解。

【参考答案】A

例题 7.4 以下都是拉式沟通的例子，除了哪一项？

A. 电子邮件　　　　　　B. 项目网页

C. 共享在线知识库　　　D. 带密码保护的在线项目管理计划

【思路解析】电子邮件是推式沟通，由信息的发送方主动发起。

【参考答案】A

例题 7.5 相关方表示非常担心某一非集中办公团队对项目期望和指示的理解，因为有之前与该团队合作导致返工的经验，项目经理应该采用什么样的沟通方法来解决这个问题？

A. 推式沟通　　　　　　B. 集中沟通（Mass Communication）

C. 拉式沟通　　　　　　D. 交互式沟通

【思路解析】要防止误解，选择交互式沟通是最好的方式。

注意 Mass Communication 是经常出现的干扰项，这是个专有名词，应翻译为"大众传播/公众传播"，指面向大量非特定的公众目标进行的沟通，不是三种沟通方法之一。

【参考答案】D

例题 7.6 项目经理需要身处不同国家的两位副总裁提供意见。他应该使用哪种沟通方法？

A. 推式沟通　　　　　　B. 拉式沟通

C. 选择式沟通　　　　　D. 交互式沟通

【思路解析】副总裁是很重要的相关方。在和他们进行重要沟通时，选择交互式沟通是最能保障效果的。

【参考答案】D

例题 7.7 一个项目的相关方众多，并且地理位置不集中，应采用何种沟通方式？

A. 交互式

B. 推式

C. 集中（Mass Communication）

D. 拉式

【思路解析】对于大量分散的相关方，开展交互式沟通的成本太高，甚至是不可能实现的。较好的方式是将需要沟通的信息组织成项目文件或者网页，请相关方在需要的时间进行查阅，即拉式沟通。

【参考答案】D

例题 7.8 一位项目经理正在与一个多元化的团队合作一个备受瞩目的公共工程项目。项目相关方的公共部门非常担心，因为这个项目直接影响到他们的社区。项目经理应使用什么来与这个项目的相关方团体沟通？

A. 推式沟通　　　　　　　B. 交互式沟通

C. 项目相关方沟通　　　　D. 项目报告

【思路解析】需要进行解释说明以达成一致的沟通，应是交互式沟通，尤其是在对方已经非常担心的情况下。

【参考答案】B

例题 7.9 项目团队中两名最关键的资源私下告知项目经理他们已经辞职，并将在一个月内离开项目。这两位成员非常受欢迎，团队中的其他成员也向他们寻求建议和支持。项目经理应该做什么？

A. 举行团队会议，宣布这两名成员辞职并解决任何疑虑

B. 要求团队成员不要讨论这两位成员辞职的信息，以免士气受到影响

C. 推迟行动，因为这两名成员仍会在团队待一个月

D. 向所有团队成员发送一封电子邮件，告知这两名成员辞职的信息

【思路解析】现在对于沟通方法的考查越来越情景化，比如这道题目，其本质是问：如何与团队成员沟通两名关键资源离职的信息。

选项 B 属于压制讨论，选项 C 属于回避问题，都不符合价值观。

选项 A 和选项 D 比起来，明显选项 A 是更好的解决办法。如此重要的事情，通过互动性沟通（开会）来解决疑虑，比推式沟通（发电子邮件）更有利于取得共识、稳定团队。

【参考答案】A

例题 7.10 你正在处理跨国公司的一个项目。在项目中，一个团队成员表现不是很好。处理低绩效最好的方式是通过：

A. 非正式口头沟通　　　　B. 非正式书面沟通

C. 正式书面沟通　　　　　D. 正式口头沟通

【思路解析】有人表现不佳或犯错误，项目经理应该优先通过非正式的沟通来帮助他。对于题目中的这种情况，口头沟通比书面沟通更好。

【参考答案】A

7.2 沟通渠道

1. 应用解析

沟通渠道（Communication Channels）的数量反映了项目沟通的复杂程度。

沟通归根结底是为了满足相关方的信息需求，如果项目一共有 N 个相关方，每个人都需要和其他 $N–1$ 个人进行沟通，因此，总计有 $N×(N–1)$ 种沟通的可能性；由于这种算法重复计算了 A 与 B 和 B 与 A 的沟通渠道，对其再除以 2，就得到了沟通渠道的计算方法：

沟通渠道数量 =$N×(N–1)÷2$，其中 N 为包含项目团队在内的全部相关

方的数量。

可见，沟通渠道的数量与项目相关方的数量之间并不是线性关系，而是随着后者的平方量级增长。当相关方的数量增加时，沟通渠道的数量会更加迅速地膨胀，项目的沟通管理也会变得非常复杂。敏捷团队一般把规模限制在 5~9 个人，就是因为人数太多会显著增加沟通渠道的数量，降低沟通的饱和度，不符合敏捷的基本原则。

沟通渠道是偶尔会考查的简单计算题，需要注意的是不要漏掉相关方的数量，比如项目经理自己也是相关方之一。

2. 经典例题

例题 7.11

关于沟通渠道，下列说法正确的是：

A. 沟通渠道的多少，与沟通的复杂程度没有关系
B. 沟通渠道的计算公式为 $N×（N–1）÷2$，其中 N 不包括项目经理
C. 沟通渠道的多少取决于相关方的数量
D. 沟通渠道越多，管理难度越小

【思路解析】选项 C 的表述是正确的。选项 B 的错误在于，N 应该包括项目经理。选项 A 和 D 的错误在于，沟通渠道越多则沟通越复杂，管理的难度也就越大。

【参考答案】C

例题 7.12

当前项目共有 10 名项目相关方，而之前完成的项目只有 5 名相关方。当前项目增加了多少个沟通渠道？

A. 35　　　　B. 45　　　　C. 5　　　　D. 10

【思路解析】沟通渠道 $=N×（N–1）÷2$。所以，当前项目的沟通渠道数量为 $10×（10–1）÷2=45$，之前的项目为 $5×（5–1）÷2=10$，增加了 35 条。

相关方数量只增加了 5 个，沟通渠道却增加了 35 条，这就是平方量级增长的特点。

【参考答案】A

例题 7.13 从事一个全球项目的项目经理建立了多种沟通渠道。为了管理沟通渠道，项目经理应该怎么做？

A. 安排在不同时区召开会议

B. 安排视频会议

C. 创建沟通管理计划

D. 制订相关方参与计划

【思路解析】对沟通渠道的管理，是规划沟通管理的一部分内容，其结果应该记录到项目的沟通管理计划中。

【参考答案】C

7.3 会议管理

1. 应用解析

会议管理（Meeting Management）是一种人际关系与团队技能，即通过适当的工作，确保会议有效执行并高效地达到预期目标。

会议管理主要通过如下工作实现：

- 选择合理的会议方式。
- 提前通知，确保合适的参与者受邀并出席。
- 提前发布会议议程，并提供会议目标等充分的背景信息。
- 确定会议的规则和纪律。
- 管理好会议过程，处理会议中的问题和冲突，确保执行议程、达到目标。
- 记录会议内容并及时发出纪要，明确行动的要求和责任人，以及下次会议的检查项。

当会议受到相关方地域分散、相关方没时间参加等因素的制约时，会议负责人要选择最佳的替代性方法。总体思路如下：

推荐的替代方式：

- 如果制约因素是地理位置分散，可以使用虚拟会议来解决。
- 如果制约因素是个别相关方可能缺席，可以先让其他人开会，然后给缺席者发送会议记录，并收集其反馈意见。

不推荐的替代方式：

- 搁置会议，等待所有人凑齐再开会。
- 取消会议，与相关方单独沟通。
- 完全忽视少数人的意见，仅与大多数人开会。

更多处理方法和例题，请见《情景模拟》中的"3.4 相关方缺席会议"。

2. 经典例题

例题 7.14 项目团队成员处在三个时区不同的国家。在首次项目团队会议上，项目经理注意到，团队对沟通方法存在很多冲突，项目经理应在此前引入什么来提高此次会议及今后所有会议的效率？

A. 会议管理　　　　　B. 团队建设
C. 集中办公　　　　　D. 培训

【思路解析】"引入什么"即"采取什么手段"。提高会议效率当然应该采用会议管理这个专门的工具。

【参考答案】A

例题 7.15 由于对项目无关事项的多次讨论和激烈争论，在项目开工会议上，项目经理无法解决所有会议议程事项。若要满足所有会议目标，项目经理事先应该做什么？

A. 仅邀请关键项目相关方
B. 计划更少的会议议程事项
C. 邀请主题专家（SME）
D. 会议管理

【思路解析】本题属于"问事先"。问题的根本原因在于会议没有组织好，那么事先如果做好会议管理就可以解决这个问题。

选项 A 和选项 B 都是用逃避冲突的方式规避问题，这种思路是错误的。

【参考答案】D

例题 7.16 项目团队的一些成员在家工作。在每周一次的视频会议中，由于参会者断线或掉线、背景噪声强干扰、多人同时发言，导致损失了很多时间，参会人员感到恼火，要求不要参加这种会议。项目经理应该怎么做？

A. 将每周一次的会议频率更改为每月一次

B. 要求所有团队成员本人每周亲自到场参加一次会议

C. 为在家和远程办公的同事定一套会议规则和会议礼仪的最低要求并培训团队

D. 与每名团队成员单独召开会议，并整理信息生成会议记录以供分发

【思路解析】视频会议因为各种各样的问题效果不佳，导致团队成员不愿意参加，项目经理应如何改进？还是要用规则来解决问题，这种强调规则的行为也是会议管理的一部分。

其他几个选项的做法——降低会议频率、改为实体会议、单独开会，都没有从正面解决问题。这种逃避冲突的方式不符合价值观。

【参考答案】C

7.4 文化意识与政治意识

1. 应用解析

文化意识（Cultural Awareness）指理解个人、群体和组织之间的文化差异，并据此调整沟通策略的能力。

当团队和相关方分布于多个国家时，文化差异会使相互理解变得困难，从而影响沟通的效果，甚至产生不必要的冲突。因此，项目经理应该加强文

化意识，根据相关方和团队成员的文化差异和文化需求对沟通进行规划。

政治意识（Political Awareness）与文化意识近似，这里的"政治"指权力关系。政治意识就是对组织正式和非正式权力关系的认知，包括理解组织战略、了解谁能行使权力和施加影响，这有助于优化沟通的规划工作。

2. 经典例题

例题 7.17

在项目规划期间，跨文化团队的项目经理希望减少因现场和虚拟团队成员之间的误解而可能造成的延误。项目经理应该怎么做？（选2个）

A. 对外部相关方开会

B. 定义需沟通的信息

C. 设置焦点小组

D. 通过培训，增强团队的文化意识

E. 安排引导式研讨会

【思路解析】"跨文化团队""虚拟团队"提示这是一个地域分散且处在多元文化环境的项目团队。要减少误解，项目经理可以在制订沟通管理计划时对团队需要沟通的信息进行分析和定义。

此外，对于文化多元的背景，通过培训增强团队的文化意识也是有帮助的，这可以改善跨文化的沟通能力。

【参考答案】BD

例题 7.18

项目经理启动一个团队分散在许多国家的大型项目。在审查之前的项目的经验教训后，项目经理发现来自某些国家的成员用不同的方法来处理问题和争论意见，这经常造成冲突，导致效率降低，并影响了团队建设的成效。项目经理应如何防止这种情况再次发生？

A. 在制订相关方参与计划时考虑文化差异

B. 制订具有文化意识的沟通管理计划

C. 鼓励团队重新回到震荡阶段以解决发生的冲突

D. 创建相关方参与计划，避免冲突文化之间的直接互动

【思路解析】问本项目的未来，和"问事先"的思路是一样的——寻找根本原因，然后加以解决。选项 C 和选项 D 的做法本身都是错误的，首先要排除掉。

选项 A 和选项 B 分别指向相关方参与计划和沟通管理计划，要进一步分析。本题的关键信息是"团队分散在许多国家"，同时"某些国家的成员用不同的方法来处理问题和争论意见"，这意味着文化的差异已经对沟通产生了影响，可见项目经理应该从沟通入手来解决问题。因此，选项 B 更好，项目经理通过制订有效的、具备文化意识的沟通管理计划来解决沟通问题。

【参考答案】B

7.5 引导★

1. 应用解析

引导（Facilitation）指有效引导团队活动以达成决定、获得解决方案或结论，属于人际关系与团队技能。这是一个经常被忽略的概念，但却非常有价值，所以着重说明一下。

引导的作用是帮助意见不一的各方达成共识，这个共识可以是一个结论、决策，也可以是特定的解决方案。引导的执行方式是群体讨论，因此有时也会使用"开展引导式研讨会"（Conduct a Facilitation Workshop/Facilitate a Workshop）的说法。

凡是出现了需要达成共识而各方看法、期望不一致的情况，就可以优先考虑引导这个工具。它与冲突解决中的"合作/解决问题"思路相似，都是让各方通过沟通找到共同认可的道路，从而达成共识、实现多赢。在需求收集、风险管理等工作及各种会议中，引导都经常得到使用。

引导需要一个受过训练的专家（引导者/引导师）参与，他的工作包括：

- 帮助各方构建相互信任的环境，促进各方有效参与和互相理解。
- 帮助各方充分考虑所有意见，处理分歧和冲突。
- 使得各方能够做出共同认可的决定，并在之后持续支持这个决定。

可见，引导这个工具的力度非常大，对引导者的要求也很高。不过考查中并不涉及引导的具体操作方法，只是要求项目经理在需要的情况下能够选择这种方式来解决问题。

2. 经典例题

例题 7.19 在收集需求时，项目团队发现，销售部门更重视压低成本，与此同时采购部门更重视供应商的高标准。团队如要与相关方解决这个问题，下列方法中，不适宜采用的有？（选3个）

A. 执行需求头脑风暴　　　B. 合作/解决问题
C. 开展访谈　　　　　　　D. 引导
E. 召集焦点小组会议　　　F. 召开一个问题解决会

【思路解析】两个部门的需求发生冲突，是必须要解决的问题，因为各方不达成共识则无法继续开展后续的范围管理工作。在本题列出的工具中，合作/解决问题、引导和问题解决会都有助于共识的达成。

头脑风暴、访谈和焦点小组都是数据收集工具，其思维方式是发散性的，有助于相关方集思广益、更充分地表达需求，但不能帮助相关方达成共识。

【参考答案】ACE

例题 7.20 项目经理管理一个跨国项目，项目团队与虚拟团队对项目产生分歧，项目经理应怎么做？

A. 焦点小组　　　　　　　B. 引导式研讨会
C. 访谈　　　　　　　　　D. 专家判断

【思路解析】题目并未交待具体的分歧内容，但无论如何，引导式研讨会是能够彻底解决分歧、促成共识的方法。

焦点小组、访谈不适用于此处，上题已经解释。专家判断同样不适用，因为专家判断无法解决期望相冲突的问题。两个相关方对成果或其他要素的期望不同，往往源于立场和诉求不同，并不是一个专业技术问题，还是要通过沟通来达成共识。

【参考答案】 B

例题 7.21 项目经理正在执行一个涉及不同业务部门的全公司项目。在一次规划会议上，项目经理注意到每个部门的具体需求不能引起其他部门的兴趣，这影响到会议的质量。若要解决这个问题，项目经理应该怎么做？

A. 石川图和需求跟踪矩阵　　B. 焦点小组会议和思维导图
C. 引导和亲和图　　　　　　D. 头脑风暴和需求跟踪矩阵

【思路解析】 这次的情况和之前不同，不是意见冲突，而是各个部门对其他部门的需求没兴趣。引导在这种情况下仍然可以发挥作用，它不仅能解决冲突，也能让相关方互相理解、充分参与。

所以，答案中包含引导是很明确的。至于同一个选项中的亲和图是否能用得上，我们并不确定，有可能使用亲和图来归类需求有助于促进讨论，但至少它并不是错误，所以可以选择 C。

【参考答案】 C

例题 7.22 在为一个内部项目制定项目章程时，项目经理意识到一些职能经理的期望与另一些职能经理的期望相冲突，可能对项目产生负面影响。项目经理下一步该怎么做？

A. 制订沟通管理计划　　B. 召开引导式研讨会
C. 评估风险　　　　　　D. 上报给项目发起人

【思路解析】 在基于组织自身需求开展的内部项目中，职能经理是很重要的相关方，所以他们对项目的期望是非常重要的。但是，现在这些期望之间出现了冲突，这个冲突不能被搁置，否则项目经理连项目章程都无法完成，项目也只能不了了之。

双方期望不一致，又必须达成共识，这就是引导工具出场的时机。

注意不要遇到问题就直接上报给发起人。项目经理应该在自己的能力和权限范围内先尝试解决冲突，如果确实无法解决再进行上报，这体现了项目经理在章程制定过程中的积极态度。

【参考答案】B

例题 7.23 项目经理收到批准的项目章程，开始正式的需求收集工作。为了更好地就项目的可交付成果达成一致意见，项目经理应该怎么做？

A. 与相关方和主题专家一起召开焦点小组会议

B. 与相关方一起进行头脑风暴

C. 访谈关键相关方以获取需求的详细信息

D. 与关键相关方一起使用引导技术

【思路解析】"就项目的可交付成果达成一致意见"也就是对于范围的正式定义达成共识，这时使用引导是最合适的。

【参考答案】D

第 8 章
相关方领域

8.1 相关方分析 ★

1. 应用解析

相关方分析（Stakeholder Analysis）是一种数据分析工具，通过对项目相关方的识别和分析，得到相关方的详细信息。

进行相关方分析会得到以下三类信息：

第一，相关方清单，即项目相关方的列表。

第二，相关方的属性信息，如在组织内的位置、在项目中的角色、与项目的利害关系、权力、期望、态度、对项目的需求等。

第三，相关方的分类信息。基于属性信息，我们可以对相关方进行分类并为其排列优先级，从而更有针对性地进行管理。在分类过程中，我们可以使用数据表现工具"相关方映射分析/表现"（即权力/利益方格、凸显模型等二维或三维图表），借助可视化工具更清晰地展现不同类别的相关方。

相关方分析所得到的信息，会详细记录进相关方登记册中。如果相关方发生变化，我们首先要做的，就是开展相关方分析或者更新相关方登记册。

2. 经典例题

例题 8.1

在一个项目的开工会议之前，项目经理发现一名团队领导不愿参与项目，项目经理应使用哪种工具或技术来确定该团队领导在项目中的利益和影响力？

A. 执行、负责、咨询和知情（RACI）图

B. 相关方映射分析/表现

C. 制定决策

D. 相关方分析

【思路解析】要确定相关方在项目中的利益和影响力，项目经理应使用相关方分析这一工具，在分析得到的信息基础上，可以再使用相关方映射分析/表现工具对相关方进行分类。

这里要确定的不是工作职责分配情况，所以不选择 RACI 矩阵。

【参考答案】D

例题 8.2

公司进行重组，导致项目团队发生变化。项目经理应该怎么做？

A. 与新的团队成员确认商业论证

B. 参阅组织分解结构（OBS）

C. 执行相关方分析

D. 与新的团队成员审查项目需求

【思路解析】公司重组导致团队发生变化，这意味着大量相关方的信息也都随之变化，因此需要进行相关方分析，从而更新相关方清单及相关方的各种属性和分类信息。此后，项目经理应该以此为基础，调整相关方参与计划，促进相关方在新的条件下合理参与项目。

团队变化不意味着项目本身的商业论证和需求发生改变，所以不选择 A 和 D。

选项 B 这个动作本身并没错，但可能只是进行相关方分析过程中的一个步骤而已。

【参考答案】C

例题 8.3 在项目执行期间,项目发起人离开公司。项目经理接下来应该怎么做?

A. 执行整体变更控制　　B. 分散项目权力和决策制定

C. 制作一份项目状态报告　　D. 进行相关方分析

【思路解析】"接下来应该怎么做"属于"问首先",强调步骤顺序。

在发起人离开后,项目经理首先要做的应该是相关方分析,也就是分析发起人的离开给各个相关方带来的影响:谁会成为新的发起人?其他相关方的职位和权力是否发生了变化?根据这些信息,项目经理再决定后续的策略。

【参考答案】D

例题 8.4 项目经理加入一个新的价值数百万美元的项目,要求成功实施来自各个部门的可交付成果。若要成功实施该项目,项目经理首先应该怎么做?

A. 拜访客户以确保已为关键客户相关方识别到所有沟通渠道

B. 执行相关方分析并进行详细的需求会议

C. 立即识别在该项目上工作的最佳资源

D. 与已经成功向客户交付的外部供应商签订合同

【思路解析】在 PMI 的话语体系里,"数百万美元"意味着项目规模大、情况复杂。成功实施项目的前提是满足相关方的需求,而需求涉及多个部门,那么项目经理应该进行相关方分析,了解这些部门和项目之间的关系,并对其排列优先级,以此为基础收集需求。

【参考答案】B

例题 8.5 项目与一个政府机构签订了合同,约定相对固定的较小范围。在项目启动后,又有多个其他政府机构提出要求,而且有的要求是项目必须遵守的政策法规。项目经理应该怎么做?(选 3 个)

A. 为其他政府机构的要求成立新项目

B. 把其他政府机构也加入到相关方登记册

C. 拒绝其他政府机构的要求

D. 为其他政府机构的要求提出变更请求

E. 直接按照必须遵守的政策法规开始执行

F. 对其他政府机构执行相关方分析

【思路解析】此前未识别到的政府机构与项目产生了联系，相当于识别到了新的相关方。此时，项目经理应对其进行相关方分析，将得到的各种信息纳入相关方登记册。

新相关方对于项目提出的要求应该被视为变更请求，即使必须遵守，也应纳入整体变更控制流程进行处理，不能直接执行。

【参考答案】BDF

例题 8.6

项目经理领导着位于不同国家和时区的项目团队。在制订相关方参与计划时，项目经理必须考虑到几个相关方在范围和项目质量方面存在相互冲突的观点。项目经理首先应该做什么？

A. 与每个相关方当面沟通或远程会议以获得支持

B. 聘请文化差异专家教练来制定解决该问题的策略

C. 应用工具和技术来评估利益相关者的权力和影响

D. 对文化差异执行风险评估，并相应更新风险登记册

【思路解析】项目经理在制订相关方参与计划时发现几个相关方的观点相冲突，应该先对他们进行相关方分析，了解他们对项目的影响力和权力等信息，并以此为基础对其划分优先级，再根据不同的优先级决定如何管理。

【参考答案】C

例题 8.7

项目经理与多位高管相关方一起参与一个生命周期替换项目，其中一位相关方强烈反对该项目。若要获得该相关方的支持，项目经理应该怎么做？

A. 制定权力/影响力方格以确定该相关方影响项目的能力并确认其支持

B. 创建相关方参与计划以确定该相关方的项目支持水平

C. 将该问题升级上报给项目推动者，并请求替换一个支持该项目的相关方

D. 执行相关方分析以确定缺乏项目支持的原因，并对这些原因进行优先级排序

【思路解析】相关方强烈反对项目，意味着他对项目的参与程度是"抵制"。这时若要获得他的支持，项目经理应该追根溯源以解决问题。

项目经理首先要执行相关方分析，确定他不支持项目的原因。如果存在多个原因，项目经理还应该进行优先级排序，从中抓主要矛盾。如前文在帕累托图那部分讲到的，PMP 新考纲非常强调面对多个问题的时候要先排列优先级，明确其轻重缓急再处理。

注意，虽然这个相关方强烈反对项目，但项目经理也不能要求替换掉他。替换在思路上是错误的，也是无法实现的。

【参考答案】D

8.2 权力 / 利益方格 ★

1. 应用解析

权力 / 利益方格（Power/Interest Grid）也被称为权力 / 利益矩阵或权力 / 利益网格，是按照相关方对项目的权力和在项目中的利益这两个维度对其进行分类的工具。

- 权力（Power）是指相关方的职权级别，代表着其影响项目和成果的能力。在各种对相关方进行分析的工具中，权力都是非常重要的维度。"权力"有时会被错误地翻译为"权利"，要注意辨析。
- 利益（Interest）是指相关方对项目成果的关注程度，或者说，项目成败对他影响的大小。"利益"有时会被错误地翻译为"兴趣"，要注意辨析。

按照这两个维度，可以把相关方分为四类：

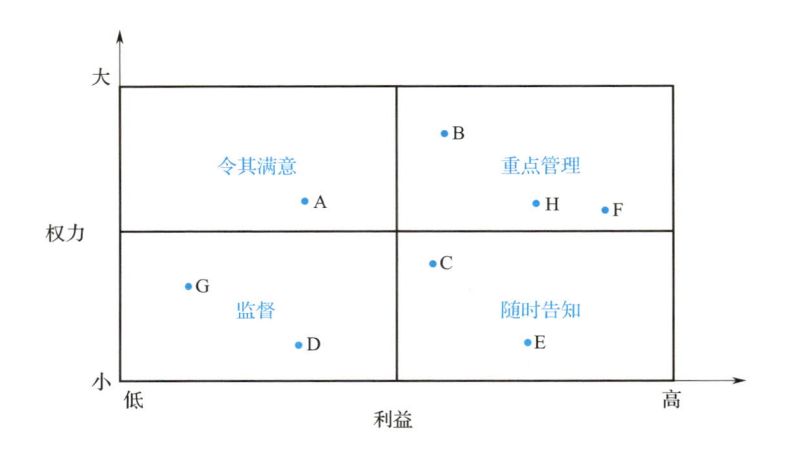

```
         大 ↑
            │                    • B
            │   令其满意      │   重点管理
            │              •A │              •H   •F
         权力│─────────────────┼─────────────────
            │                  │   • C
            │    •G            │
            │      监督        │   随时告知
            │         •D       │          •E
         小 └─────────────────────────────────→
            低            利益           高
```

第一类：权力大，利益高。

这类相关方对项目的影响能力很强，同时又非常关注项目的成败，因此项目经理要给予高度关注，采取的策略是**重点管理**（Manage Closely）。

项目发起人、客户方的项目直接负责人一般都属于这个类别。项目经理应该密切关注他们的需求，积极地向他们更新项目的进展状态，解决他们所关切的问题。

第二类：权力大，利益低。

这类相关方的权力很大，但是对项目的关注程度不算高，因此，项目经理采取的策略较第一类有所差别，称为**令其满意**（Keep Satisfied）。

客户方的高层领导、本公司管理着众多项目的高级管理层，一般都属于这个类别。既然项目的成败对他们的影响没有对第一类相关方那么大，如果项目经理再事无巨细地向他们更新项目的状态，反而会使这类相关方厌烦；因此，项目经理要做摘要性的汇报，保证他们对项目的关键进展有所了解并且满意即可。

第三类：权力小，利益高。

这类相关方对项目的影响能力不强，却对项目的成败看得很重，所以他们会希望更详细地了解项目的进展。为了满足他们的信息需求，项目经理应采用的应对方法叫作**随时告知**（Keep Informed），其实称为"保持沟通"更准确一些。

在项目中，项目经理经常要面对这类相关方，比如市政工程项目周边的社区居民，他们的权力并不高，但对项目带来的影响却非常在意。因此，项目经理要保持和他们的沟通，让他们了解项目的进展，避免让他们觉得自己的利益被忽视或者受到损害。

"随时告知"和"重点管理"都要给予相关方较多的信息，但二者是有区别的：对于"重点管理"的相关方，项目经理要高度重视他们的需求，了解他们对项目的期待并加以适应；而对于"随时告知"的相关方，项目经理未必要非常积极地响应他们的需求，但是会乐于向他们通报进展状况。

第四类：权力小，利益低。

这类相关方对项目的影响能力很弱，同时项目的成败对他们的影响也不大，因此，项目经理不需要去积极管理，主要是对他们的状态保持监控，即**监督**（Monitor）。

监督在这里并不是"监察督促"的意思，而是指持续关注，确认不会发生变化。

权力/利益方格是数据表现工具中"相关方映射分析/表现"的一种形式。相关方是很复杂的，往往要使用多个维度才能把他们和项目的关系展现清楚；相关方映射分析/表现这个工具可以将多个维度的信息转化为可视化的图表，帮助项目经理对相关方进行分类并划分优先级。根据使用的信息和展现形式的不同，它有多种表现形式，包括：

- 基于两个维度的方法：权力/利益方格、权力影响方格（Impact/Influence Grid）、作用/影响方格等，适用于小型的、相关方关系较为简单的项目。
- 基于三个维度的方法：凸显模型、相关方立方体，适用于相关方数量较多、关系较为复杂的项目。

2. 经典例题

例题 8.8 在项目实施期间发生组织重组，一名关键相关方被替换。新的相关方对项目的成功存在很高的利益，并拥有足够的影响力，对项目结果产生重大影响。在执行相关方分析之后，项目经理应如何处理该新项目相关方？

A. 监测相关方期望发生的任何变化

B. 保持向相关方通知项目进度/状态

C. 确保相关方满意项目进度/状态

D. 密切管理相关方的期望

【思路解析】相关方更替后，项目经理对新的相关方进行了分析，得到了他的属性信息。以此为基础，我们可以对这个相关方进行分类，影响力和利益这两个维度指示我们使用"权力/利益方格"这一工具，将相关方分为四类，并使用不同的管理策略。

题目中的新相关方权力大且利益高，因此策略是重点管理，即选项 D 的表述。其他三类情况如下：

权力大且利益低，策略是令其满意，即选项 C 的表述。

权力小且利益高，策略是随时告知，即选项 B 的表述。

权力小且利益低，策略是监督，即选项 A 的表述。

【参考答案】D

例题 8.9 一个公司高层对项目权力控制高，但并不太关注项目情况。应该采用什么方式对待？

A. 及时告知　　　　　B. 重点关注

C. 令其满意　　　　　D. 监督

【思路解析】"不太关注项目情况"说明利益低，同时题干中说这位高层权力高，因此，管理策略应该是"令其满意"。

【参考答案】C

例题 8.10 用权力/利益方格对相关方进行分析和归类，有利于重点管理哪类相关方？

A. 权力大，利益高
B. 权力大，利益低
C. 权力小，利益高
D. 权力小，利益低

【思路解析】提问的意思实际是"哪类相关方是项目要进行重点管理的"。答案应该是"权力大，利益高"。

【参考答案】A

例题 8.11 项目经理正在制订相关方参与计划，并识别到一位权力等级较高但在项目中兴趣较低的相关方，项目经理应该如何对待该相关方？

A. 重点管理
B. 随时告知
C. 监督
D. 令其满意

【思路解析】"兴趣"是"Interest"的错误翻译，应该翻译为"利益"。对于权力大而利益低，策略应是"令其满意"。

【参考答案】D

例题 8.12 项目经理制定了一个相关方权力/利益方格。相关方 A 应该接受什么级别的参与度？

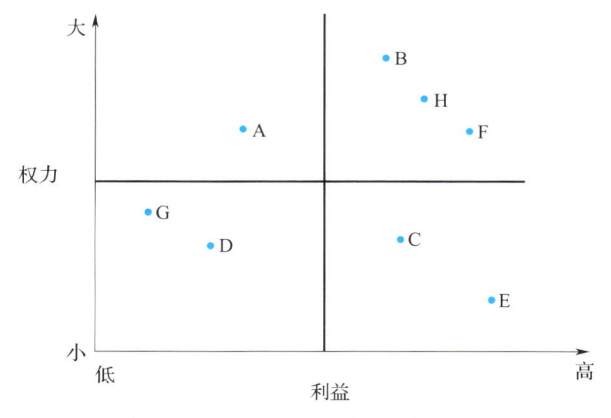

A. 偶尔项目更新
B. 执行高层次报告
C. 定期面对面会议
D. 每周详细状态报告

【思路解析】对于权力大而利益低的相关方，策略是"令其满意"，对应的沟通方式是高层次报告，即向其汇报项目的重要进展和情况，而不需要进行事无巨细的沟通。

【参考答案】B

8.3 凸显模型

1. 应用解析

凸显模型（Salience Model）使用三个维度对相关方进行分析，适用于复杂的相关方大型社区，或者相关方社区内部存在复杂的关系网络的情况（"相关方社区"指全体相关方的总和）。

凸显模型基于三个维度的特征对相关方进行划分：

- 权力，即影响项目的能力，是分析相关方时常见的维度。
- 合法性指相关方对项目的诉求是否有法律或者道德方面的合理基础。
- 紧迫性又包含两个方面的因素，第一是相关方对项目的要求有没有时间敏感性，第二是这种要求对该相关方的重要程度（类似于权力/利益方格中的利益）。

凸显模型认为，相关方每具备上述一个维度的特征，就拥有了更高的显著性，应该着重积极地进行管理。因此，相关方从总体上被分为三个优先级：

高优先级（同时具备三个维度的特征）：决定型（Definitive）。

该类型的相关方属于最关键的相关方。项目经理需要重点关注他们的期望和要求，并且设法加以满足。典型的决定型相关方如项目发起人、客户方的项目直接负责人。

中优先级（同时具备两个维度的特征）：预期型（Expectant）。

"预期"指这些相关方对项目具有某种期待、期望，因此他们通常对项目持较为主动的态度。这些相关方需要项目经理的积极管理。预期型又包括三种情况：

- 主导型（Dominant）：具有权力和合法性，但没有紧迫性。他们的期望应该被重视，但没有太多紧迫感，比如客户方的高层领导。一旦主导型相关方具备了紧迫性，就会升级为高优先级的决定型。
- 依赖型（Dependent）：具有合法性和紧迫性，但缺少真正的权力，如社会公众。如果他们通过影响其他相关方而获得了权力，也将升级为高优先级，从而显著影响项目。
- 危险型（Dangerous）：具有权力和紧迫性，但没有合法性。项目经理需要让其适当参与，降低其对项目的威胁。

低优先级（仅具备一个维度的特征）：潜藏型（Latent）。

潜藏型相关方对项目的关注程度不高，对项目持被动态度。项目经理不应该花太多时间和精力来管理他们。潜藏型也包括三种情况：

- 休眠型（Dormant）：仅有权力。
- 酌处型（Discretionary）：仅有合法性。
- 苛求型（Demanding）：仅有紧迫性。

上述三个维度都不具备的不属于相关方，项目经理不要投入精力进行管理，可保持关注。

"凸显模型"更恰当的翻译应该是"显著性模型"，它把相关方分为三级七类，适合于相关方数量众多、内部关系复杂的情况。在这种情况下，项目经理能够用于相关方管理的时间、精力和资源都是相对有限的，因此，不要等量齐观地投入精力，而要优先管理维度特征更多、更为"显著"的相关方。

另外，因为相关方每获得一个维度的特征就变得更加"显著"，需要项目经理投入更多的时间和精力加以管理，所以，项目经理要关注和控制这些条件，尽量使其不要升级。

2. 经典例题

例题 8.13 一个新项目已经识别出许多相关方，但每个相关方的权力大小、需要被关注的紧迫性和参与项目的合法性都不同。项目经理应该使用以下哪项工具来确定相关方应该被关注的优先级，以便确定合适的相关方管理策略？

A. 相关方参与度评估矩阵　　B. 权力/利益方格

C. 相关方立方体　　　　　　D. 凸显模型

【思路解析】凸显模型适用于相关方数量较多的情况，分析的基础就是题目中给出的三个维度信息：权力、紧迫性和合法性。

相关方立方体也基于三个维度进行分析，不过这三个维度并不固定，是任意选择的。

【参考答案】D

例题 8.14 项目经理正与多位相关方一起管理一个庞大而复杂的项目。一些相关方反对项目的效益，而另一些则非常支持。项目经理应该使用什么来澄清并正确管理这些相关方？

A. 凸显模型　　　　　　　　B. 权力/利益方格

C. 影响/影响力方格　　　　D. 相关方立方体

【思路解析】项目庞大而复杂，相关方数量又比较多，使用二维的各种方格来进行分类就过于简单，应该选择更适合这种情况的凸显模型。

【参考答案】A

例题 8.15 使用凸显模型对相关方进行分析，应该考察以下所有，除了：

A. 相关方对项目的认知程度

B. 相关方施加自己意愿的能力

C. 相关方对项目施加影响的紧急程度

D. 相关方在项目上的合法性

【思路解析】凸显模型包含三个维度：权力、合法性、紧迫性。

【参考答案】A

8.4 相关方参与度评估矩阵 ★

1. 应用解析

相关方参与度评估矩阵（Stakeholder Engagement Assessment Matrix）是一种数据表现工具，用来展示相关方对项目当前的参与程度和期望程度之间的差距。

相关方	不了解型	抵制型	中立型	支持型	领导型
1	C			D	
2		C		D	
3			C	D	
4				C D	
5				C	D
6				D	C

相关方对项目的参与程度一般可以分为这样几类：

- 不了解型：不知道项目及其影响。
- 抵制型：了解项目及其影响，但抵制项目或成果可能引发的变化。
- 中立型：了解项目及其影响，但既不支持，也不反对。
- 支持型：了解项目及其影响，并且会支持项目工作。
- 领导型：了解项目及其影响，而且积极参与以确保项目取得成功。

在评估矩阵中，我们对每个相关方进行两个方面的判断：

- 确定此相关方当前的参与水平，以 C（Current）表示。
- 评估为确保项目成功所需要的相关方参与水平，即项目期望的相关方参与水平，以 D（Desired）表示。

将相关方当前的参与水平与期望的参与水平进行比较，就找到了差距。为了消除这种差距，项目经理需要确定与其沟通的方式（体现在沟通管理计划）和制订促进其参与项目的方案（相关方参与计划）。

注意，相关方参与程度并不是越高越好，而是和期望值一致最好；对于参与程度超过期望值的相关方（如上页表中的 6 号），还需要对其进行适当限制。

2. 经典例题

例题 8.16

相关方参与度评估矩阵显示，某相关方当前参与项目的程度低于所需参与程度。项目经理最好采取以下哪种措施？

A. 只要他不反对项目，就让他维持目前的参与程度

B. 分析原因，并制定沟通和行动方案来消除差距

C. 降低该相关方所需参与程度的等级

D. 直接要求该相关方更多地参与项目

【思路解析】既然有差距，项目经理就要分析差距产生的原因，并主动采取措施加以解决，选项 B 正确。选项 A 是消极的做法；选项 C 是办不到的；选项 D 的硬性要求并不是好的做法，实际上项目经理对大多数相关方也无权提出这样的要求。

【参考答案】B

例题 8.17

一个为期五年的基础设施项目已准备好实施，但是，一个非政府组织（NGO）现在提出了一个环境影响问题供公众讨论，这会导致争议并延误进度计划。项目经理下一步应该做什么？

A. 更新相关方参与计划

B. 与团队一起讨论相关方参与度

C. 将该问题升级上报给高级管理层

D. 发布公共媒体答复

【思路解析】这个 NGO 现在的行为对项目造成了不利影响，参与程度可

以定位为"抵制"。项目经理应该把这个信息更新到相关方参与计划中以体现其参与程度，并制定策略以改变其态度。

选项 B 中的讨论参与程度不需要再做了，这个相关方的参与程度已经很明确。选项 C 和选项 D 都是进行相关方参与度分析之后可能采取的行动方案，并不是下一步确定要做的。

【参考答案】A

例题 8.18 项目经理希望确保相关方能充分参与项目的整个生命周期。项目经理应该在相关方参与计划中包含下列哪一项？

A. 相关方的权力/利益方格

B. 由相关方提出的变更请求

C. 期望及当前的相关方参与水平

D. 相关方对项目运作的反馈

【思路解析】要确保相关方充分参与，应该通过制订相关方参与计划来实现，其中首要的就是相关方当前和期望的参与水平（往往使用相关方参与度评估矩阵展示），还要包含据此制定的促进相关方合理参与项目的方法。

权力/利益方格属于相关映射分析/表现工具，是识别相关方过程中的分类工具，记录在相关方登记册中，不涉及相关方的参与程度。

【参考答案】C

第 9 章

风险领域

9.1 SWOT 分析

1. 应用解析

SWOT 分析（Strengths，Weaknesses，Opportunities and Threats Analysis）是一种针对项目优势、劣势、机会和威胁的数据分析技术，有助于在风险识别过程中更全面地考虑风险。

SWOT 分析包含两个视角：

- 项目自身的能力特点：分为优势和劣势。
- 项目外部的不确定性：分为机会和威胁。

	机会 （Opportunities）	威胁 （Threats）
优势 （Strengths）	SO	ST
劣势 （Weaknesses）	WO	WT

还可以将两个视角结合起来进行交叉分析，识别出：

- 自身优势可能为项目带来的机会（SO）。

- 自身劣势可能对项目造成的威胁（WT）。
- 自身优势能在多大程度上减轻和克服威胁（ST）。
- 自身劣势是否会妨碍机会的产生和把握（WO）。

2. 经典例题

例题 9.1 在创建组织业务计划的项目期间，项目经理促成与高级管理层一起召开优势、劣势、机会与威胁（SWOT）分析研讨会。项目经理正在实施的是哪一个过程？

A. 实施定性风险分析　　B. 制订风险响应计划

C. 规划风险管理　　　　D. 识别风险

【思路解析】SWOT 分析是一种数据分析技术，用于识别风险。

【参考答案】D

例题 9.2 下列哪一项工具或技术可用于识别项目的内部和外部风险？

A. 德尔菲技术　　　　B. 石川图

C. 影响图　　　　　　D. SWOT 分析

【思路解析】"内部和外部"指向 SWOT 分析。

【参考答案】D

9.2 概率和影响矩阵 ★

1. 应用解析

概率和影响矩阵（Probability and Impact Matrix）是一种数据表现技术，把每个风险发生的概率和影响进行组合和图形化展示，用于将单个项目风险划分为不同的优先级。

优先级排序是定性风险分析的核心目的，其主要方法就是基于对概率和影响这两个因素的评估：

- 概率（Probability）：某个风险事件发生的可能性。

- 影响（Impact）：某个风险事件一旦发生，对项目目标产生的影响。

		威胁					机会				
概率	很高 0.90	0.05	0.09	0.18	0.36	0.72	0.72	0.36	0.18	0.09	0.05
	高 0.70	0.04	0.07	0.14	0.28	0.56	0.56	0.28	0.14	0.07	0.04
	中 0.50	0.03	0.05	0.10	0.20	0.40	0.40	0.20	0.10	0.05	0.03
	低 0.30	0.02	0.03	0.06	0.12	0.24	0.24	0.12	0.06	0.03	0.02
	很低 0.10	0.01	0.01	0.02	0.04	0.08	0.08	0.04	0.02	0.01	0.01
		很低 0.05	低 0.10	中 0.20	高 0.40	很高 0.80	很高 0.80	高 0.40	中 0.20	低 0.10	很低 0.05
		消极影响					积极影响				

在规划风险管理时，项目团队需要对风险概率和影响的等级进行定义，如上图中按照不同的数值将其分为很高、高、中、低、很低五个等级。这个定义方法记录在风险管理计划中。

在风险被识别出来后，项目经理就可以基于上述定义，使用概率和影响矩阵来为单个项目风险排列优先级，如上图中最深色的是高优先级、中等深色的是中优先级、浅色的是低优先级。优先级的划分是后续风险管理过程的重要依据。

2. 经典例题

例题 9.3 项目团队正在努力为项目风险进行优先级排序。项目经理应该指示团队下一步做什么？

A. 执行决策树分析　　　　　　B. 制定概率和影响矩阵

C. 创建一份影响图　　　　　　D. 进行成本效益分析

【思路解析】优先级排序是定性风险分析的核心目的，主要基于风险的概率和影响这两个因素；概率和影响矩阵是这一过程中会采用的数据表现工具。

【参考答案】B

例题 9.4

在一次项目审查后，项目经理进行风险问题汇总和风险优先级排序。此过程需要用到哪种方法？

A. 概率和影响矩阵　　　　B. 三点估算

C. 风险评估　　　　　　　D. 风险等级

【思路解析】对风险进行优先级排序，使用的主要工具就是概率和影响矩阵。

【参考答案】A

例题 9.5

公司正在规划一个为期一年、价值数百万美元的项目来替换其底层基础设施。项目经理希望确定风险优先顺序及其发生概率，确保项目资金得到有效管理。项目经理应该遵循下列哪一个过程？

A. 实施定性风险分析　　　B. 实施定量风险分析

C. 制订风险响应计划　　　D. 监督风险

【思路解析】定性风险分析的目的在于排列优先级，定量风险分析的目的则在于确定风险对项目整体目标的定量化影响。概率和影响矩阵是定性分析的重要工具。

【参考答案】A

例题 9.6

下列对概率和影响矩阵的描述中，最好的是：

A. 用于风险识别

B. 为风险优先级排序提供一个客观标准

C. 用于定量风险分析

D. 由项目管理团队在风险应对计划中设定

【思路解析】概率和影响矩阵用于定性风险分析的优先级排序工作，不属于风险识别工作，也不属于定量风险分析和风险应对计划制订的范畴。

【参考答案】B

9.3 层级图 – 气泡图

1. 应用解析

层级图（Hierarchical Chart）是一种用于定性风险分析的数据表现工具。

如果需要基于两个以上的参数对风险进行分类，那就不能使用概率和影响矩阵这样的二维工具，而需要能展示更多信息的图形，这种多维度的可视化方式称为层级图。

最典型的层级图是**气泡图**（Bubble Chart），即在二维图形上增加一个"气泡大小"维度，用于显示三维数据。在风险分析的气泡图中，每个风险都绘制为一个气泡，并用 x 轴的值、y 轴的值和气泡的大小来表示风险的三个主要参数。如下图，x 轴代表风险的可监测性，y 轴代表其邻近性，气泡大小则表示其影响值。

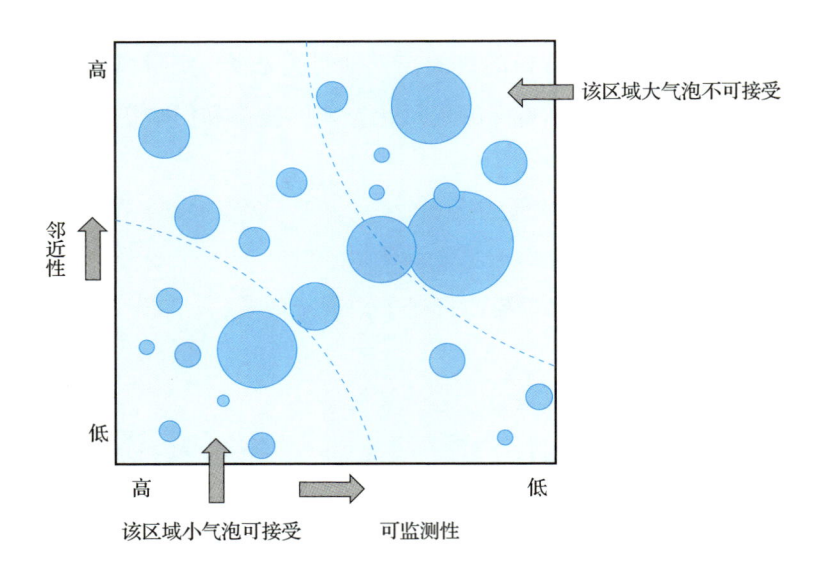

气泡图同时展示三个维度的信息，可以让我们更加全面地对风险进行归类分析。如图中的右上区域，这里的风险邻近性高而可监测性低，即风险发生后会很快影响到项目而事先又没有预兆，这里如果出现大气泡，就意味着风险对项目的影响还比较大，这是不能被接受的，项目经理要重点关注并对

其进行处理。(注:《指南》中此图的标注似有误,本书做了更正。)

下列是概率和影响以外的其他风险特性,了解即可:

- 可监测性:对风险的发生进行监测的容易程度。容易监测,则可监测性高。
- 邻近性:风险在多长时间后会影响到项目。时间短,则邻近性高。
- 紧迫性:为有效应对风险而必须采取应对措施的时间段。时间段短,则紧迫性高。
- 潜伏期:从风险发生到影响显现之间可能的时间段。时间段短,则潜伏期短。
- 可管理性:管理风险发生或影响的容易程度。容易管理,则可管理性高。
- 可控性:能够控制风险后果的程度。容易控制后果,则可控性高。
- 连通性:风险与其他项目风险存在关联的程度大小。关联多,则连通性高。
- 战略影响力:风险对组织战略目标潜在的影响。影响重大,则战略影响力大。
- 密切度:风险被相关方认为要紧的程度。相关方看重,则密切度高。

2. 经典例题

例题 9.7 某相关方认为只考虑概率和影响不足以判断风险,他希望你用两个以上的参数来考虑风险的综合影响值,你应该使用哪一种工具?

A. 矩阵图　　B. 因果图　　C. 层级图　　D. 控制图

【思路解析】使用两个以上的参数来评估风险,可以用层级图进行展示。

【参考答案】C

例题 9.8 项目经理正在负责管理一个规模很大并且复杂的项目,其中有很多风险和风险应对措施,并使用超过两种参数来进行风险分类。项目经理想准备一份报告向管理层展示这些风险和所有的参数。他应该如何做？

A. 概率和影响矩阵　　　　B. 控制图

C. 气泡图　　　　　　　　D. 横道图

【思路解析】使用两个以上的参数评估和展示风险，应该选择层级图，气泡图是层级图的一种典型形式。

【参考答案】C

9.4 敏感性分析／龙卷风图

1. 应用解析

敏感性分析（Sensitivity Analysis）用来确定多个风险中哪个对项目成果的潜在影响最大，是定量风险分析经常使用的一种数据分析工具。

敏感性分析的基本思维是假定其他因素不变，考虑某一个因素单独发生变化对项目结果（如成本、进度）的定量化影响。若某个因素的小幅度变化能导致项目结果的较大幅度变化，就称此因素较为敏感。

当项目面临多个风险的时候，我们可以使用敏感性分析来判断这些风险影响的大小，进而判断项目承受风险的能力。

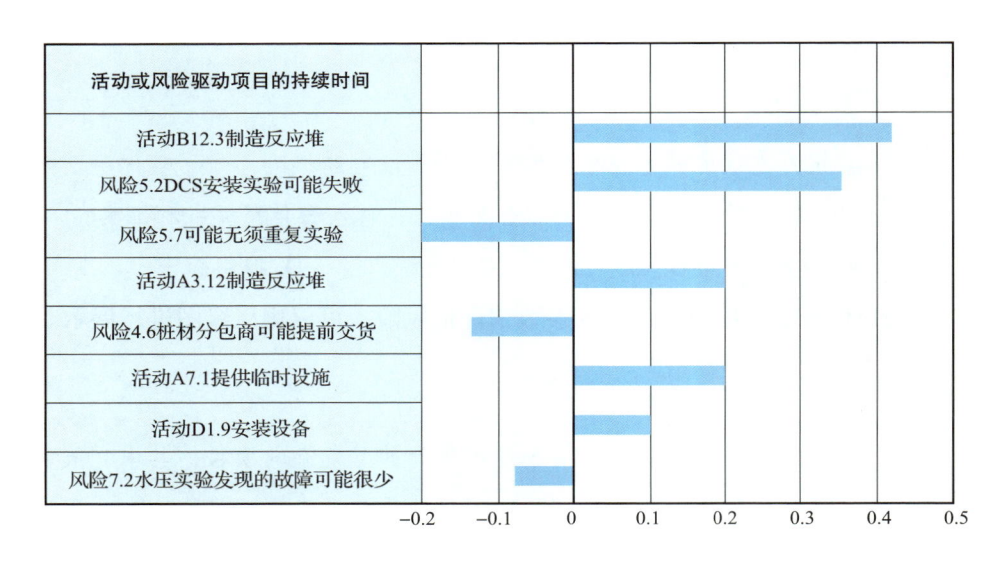

为了更清晰地展现敏感性分析的结果，人们经常将各个风险按照敏感性从高到低降序排列，画成上述的条形图。这种图因其形状得名龙卷风图（Tornado Diagram），题目有时会把敏感性分析和龙卷风图等同起来。

2. 经典例题

例题 9.9 龙卷风图经常是下列哪种分析的表现形式？
A. 敏感性分析　　　　　　B. 预期货币价值分析
C. 决策树分析　　　　　　D. 模拟分析

【思路解析】龙卷风图一目了然地展现出不同风险对项目影响的差异，常用于敏感性分析的结果展示。而模拟分析（如蒙特卡洛模拟）的结果通常采用概率分布图表示。

【参考答案】A

例题 9.10 项目相关方担心几个风险，但无法确定哪种风险影响最大。项目经理应使用什么工具或技术来解决相关方的问题？
A. 帕累托图　　　　　　　B. 龙卷风图
C. 决策树分析　　　　　　D. 石川图

【思路解析】确定几个风险中影响最大的，就是敏感性分析要解决的问题，其结果一般使用龙卷风图来展示。

决策树是为了得到决策的各种可能结果，从而在若干方案中选择出最佳方案，一般使用预期货币价值进行判断。

帕累托图和龙卷风图同样有排序的意义，但一般用于质量问题的分析。

【参考答案】B

例题 9.11 公司管理层正在削减预算，因此必须做出如何削减某个正在进行的关键项目的预算的决定。项目经理首先应该怎么做？
A. 提交能够减少成本的更新进度计划，并减少最终可交付成果
B. 解散某些分配的资源并延长项目时间线
C. 减少管理储备以保持项目进行

D. 使用敏感性分析评估不同风险

【思路解析】管理层要削减预算，但尚未确定具体的削减方式。不同的削减方式可能对项目目标带来不同的影响，可以视为多种风险。

因此，在做出削减预算的具体决策前，项目经理最好能够判断出不同方法对项目目标的影响大小，也就是对多个风险进行敏感性分析，属于定量风险分析。

【参考答案】D

9.5 蒙特卡洛模拟

1. 应用解析

蒙特卡洛模拟（Monte Carlo Simulation）是数据分析技术中模拟技术的一种常见方法，常用于定量风险分析。

蒙特卡洛模拟以概率统计为基础，首先对多种风险与项目关键指标之间的关系建立数学模型，然后使用计算机进行巨大数量的迭代分析，最终以概率分布的形式展现出多种风险对项目关键指标的综合影响，即整体项目风险状况。

蒙特卡洛模拟通过计算机的虚拟化方式实现对实际物理过程的真实模拟，可以帮助人们有效地理解科学、工程和经济学中一些非常复杂的相互作用关系。因其统计学特征，故借用"赌城"蒙特卡洛来命名。

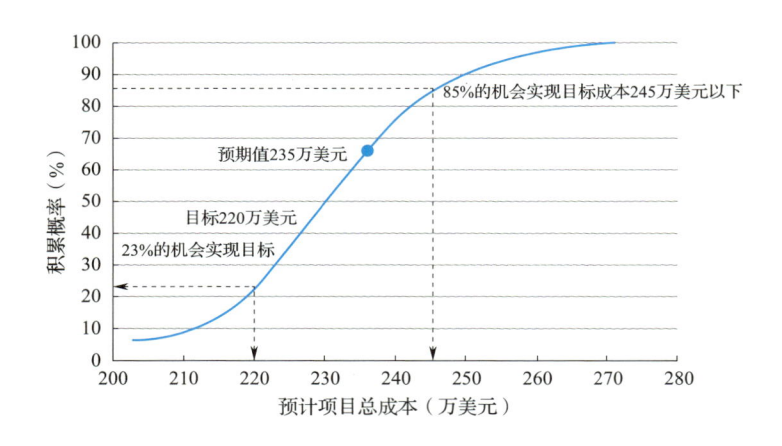

以下几种情况都适合选用蒙特卡洛模拟的方法来进行分析：

1）**多因一果**：当多个不确定性因素共同影响一个结果时，比如很多活动的完成时间共同决定项目的整体进度，这种情况适合使用蒙特卡洛模拟。

2）**分布范围/变化区间**：蒙特卡洛模拟得到的不是项目进度或成本的一个确定值，而是这个结果在一定变化区间内的概率分布情况，如上图所示。这种项目关键结果的变化区间就是《指南》所讲的"整体项目风险"，是定量风险分析过程的主要结论，而蒙特卡洛模拟是其重要工具。

3）**成功概率**：如果想了解项目实现某一个成本或进度目标的概率，也可以从蒙特卡洛模拟的结果中解读出来。如上图，如果将成本目标定位为"控制在 220 万美元以下"，那么仅有 23% 的机会实现目标；如果希望确定一个"有 85% 概率能够实现的成本目标"，应该选择 245 万美元。

2. 经典例题

例题 9.12 项目经理利用一种进度网络分析技术为每项活动都定义了可能的活动工期分布范围。项目经理应该使用下列哪一项技术来计算整个项目的可能结果分布？

A. 资源平衡　　　　　　B. 蒙特卡洛分析

C. 关键链技术　　　　　D. 因果分析

【思路解析】多个活动都影响项目的总工期，而每个活动的工期都有一定的不确定性，这就是典型的"多因一果"。项目经理通过蒙特卡洛模拟，可以得到这些不确定性共同作用下的总工期分布状况。

【参考答案】B

例题 9.13 项目经理用一个计算机模型估算成本，该模型根据输入的成本数据进行多次计算，得出一个项目成本的概率分布。这是在哪个项目管理过程？

A. 进行敏感性分析　　　　B. 实施定性风险分析

C. 进行 PERT 分析　　　　D. 实施定量风险分析

【思路解析】题目所述的工作就是在进行蒙特卡洛模拟，属于定量风险分析过程的工作，得到的是项目的整体风险，即关键指标的概率分布情况。

【参考答案】D

例题 9.14 在项目预算评审会上，项目经理说以目前的预算可以完成项目的把握是 75%，并解释了这是由多种风险综合影响的结果。发起人问如果将完成的概率提高到 85%，需要追加多少预算？项目经理要想回答这个问题，需要用到下面哪一种技术？

A. 敏感性分析 　　　　　　B. 决策树分析

C. 趋势分析 　　　　　　　D. 蒙特卡洛分析

【思路解析】"多种风险综合影响的结果"即多因一果，75% 这个值就是使用蒙特卡洛模拟计算出来的。若要计算将完成概率提高到 85% 所需追加的预算，项目经理仍然要用到蒙特卡洛模拟。如前文图中的例子，将预算由 220 万美元追加到 245 万美元，就可以将完成预算的概率由 23% 提高到 85%。

【参考答案】D

9.6　预期货币价值

1. 应用解析

预期货币价值（Expected Monetary Value，简称 EMV）是以货币形式表示的结果估计价值，用于对不确定性的价值进行量化，或者对不同备选方案进行比较。

经济学上谈到"预期"就意味着同时考虑概率和影响，一般可以建立起"预期 = 概率 × 影响"的数学关系。

预期货币价值的计算方法：

- 列出所有可能发生的情况及其概率。
- 将每个情况下的收益或损失值（收益为正、损失为负）与其发生的概率相乘，得到每个情况的预期收益。

- 把所有情况的预期收益相加，得到总体的预期值。

2. 经典例题

例题 9.15 进行一个新厂的建设，如果需求旺盛，将获得 80000 元收益，可能性为 60%；如果需求不旺盛，将带来 50000 元损失，可能性为 40%。两种情况下的预期货币价值是？

A. 48000，-20000　　　　B. -48000，20000

C. 80000，-50000　　　　D. 80000，50000

【思路解析】预期 = 概率 × 影响，注意损失用负值来表示。

【参考答案】A

例题 9.16 某个新产品研发项目，未来市场前景很好的概率为 50%，可获利 1000 万美元；市场前景一般的概率为 40%，可获利 500 万美元；市场前景很差的概率为 10%，将亏损 400 万美元。该项目的预期货币价值是？

A. 490 万美元　　　　B. 660 万美元

C. 740 万美元　　　　D. 数据不全，无法计算

【思路解析】计算每种情况的"概率 × 收益"，然后将所有得数相加，即 1000×50%+500×40%+（-400）×10%=660。注意，亏损是负值。

【参考答案】B

9.7 决策树

1. 应用解析

决策树分析（Decision Tree Analysis）是一种数据分析工具，用于反映决策过程中每个事件的所有可选择方案及其对应的结果（经常使用预期货币价值来表示），在定量风险分析过程中经常使用。

例如，企业因为现有产能不足需要扩充，目前有两个方案可供选择：投资 1000 万元建设新厂和投资 500 万元扩建旧厂。

为了做好这个二选一的决策，企业对未来的市场情况进行了预测：需求强劲的可能性为60%，需求疲软的可能性为40%。

需求强劲的情况下，建设新厂的收入为2000万元，扩建旧厂的收入为1000万元。

需求疲软的情况下，建设新厂的收入为900万元，扩建旧厂的收入为600万元。

决策树的思维方式是将决策的所有方案在需求强劲和疲软两种状态下的结果都列出来，使用预期货币价值进行呈现，如下图所示。

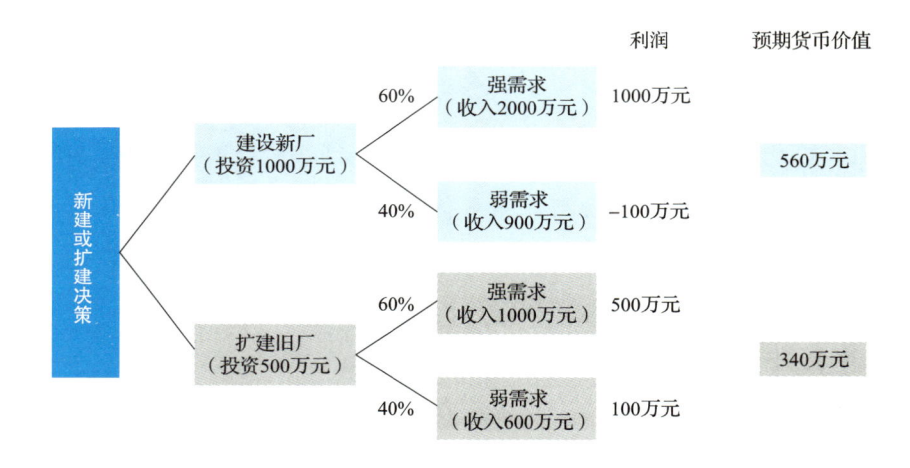

```
                                                利润      预期货币价值
                          ┌─ 60% ─ 强需求    ─ 1000万元
                          │        (收入2000万元)
            ┌─ 建设新厂 ──┤                              560万元
            │  (投资1000万元)
            │             └─ 40% ─ 弱需求    ─ -100万元
新建或扩建   │                     (收入900万元)
   决策  ───┤
            │             ┌─ 60% ─ 强需求    ─ 500万元
            │                     (收入1000万元)
            └─ 扩建旧厂 ──┤                              340万元
               (投资500万元)
                          └─ 40% ─ 弱需求    ─ 100万元
                                   (收入600万元)
```

可见，建设新厂决策的预期货币价值为560万元，扩建旧厂决策的预期货币价值为340万元。如果仅以预期货币价值作为评价标准的话，应该选择建设新厂。

决策树分析以数据为基础，使纷繁复杂的选择变得简单明了，有助于实现科学决策，避免单纯依靠经验和想象导致的决策失误。

2. 经典例题

例题 9.17 项目经理正在为项目准备两个备选方案，方案1成功的概率为80%，如果成功可以为项目节省100万美元，但是失败了的话要增加100万美元的成本；方案2成功的概率为50%，成功的话可以节省200万美元，失败会增加100万美元的成本。那么，项目经理应该推荐哪个方案？理由是什么？

A. 方案 1，因为预期货币价值 EMV 比方案 2 多 10 万美元

B. 方案 2，因为成功的话比方案 1 多节省 100 万美元

C. 方案 1，因为成功的概率比方案 2 高 30%

D. 方案 2，因为预期货币价值 EMV 比方案 1 多 20 万美元

【思路解析】现在要做二选一的方案决策，我们把每个方案的预期货币价值算出来：

方案 1：EMV=100×80%+（–100）×20%=60（万美元）。

方案 2：EMV=200×50%+（–100）×50%=50（万美元）。

我们会选择方案 1，因为它的预期货币价值比方案 2 要高 10 万美元。这就是决策树的思维，把所有的可能情况列出来，再使用预期货币价值的方式进行比较。

【参考答案】A

例题 9.18　解决某个风险有两个方案可供选择。按照专家的意见，方案 A 是一个低成本解决方法，但是成功的可能性中下。方案 B 是一个高成本解决方法，但是成功的可能性高。若要确定选择哪个方案，应执行下列哪一项？

A. 定量风险分析　　　　B. 风险数据质量评估

C. 储备分析　　　　　　D. 定性风险分析

【思路解析】要综合考虑概率和成本，最好的方法是使用决策树和预期货币价值，这属于对风险的定量分析。

【参考答案】A

9.8　风险应对策略★★

1. 应用解析

《指南》对威胁和机会给出了各五种应对策略，它们之间是有对应关系

的。在遇到有关策略的判断题时，读者先要分析遇到的是威胁还是机会，然后从五对策略中做选择。

（1）威胁的五种应对策略

第一，规避（Avoid）：变更计划，完全避免风险的影响。

规避策略之所以能完全避免风险的影响，是因为它要求项目经理不去做有风险的事情，比如避开高风险的范围、换用熟悉的方法等。

对于概率和影响都比较高的风险，人们倾向于采用规避策略。

第二，减轻（Mitigate）：仍使用原计划，但采取措施降低概率和影响。

减轻经常容易和规避相混淆，实际二者在思路上是有根本区别的：减轻仍然做有风险的事情，但会采取措施以降低风险的概率和影响；而规避是根本不去做有风险的事情。

- 降低概率的减轻方式：增加测试、选择可靠的卖方、开发原型以验证需求。

- 降低影响的减轻方式：采用备份措施。

第三，转移（Transfer）：将风险的消极影响转移给第三方，往往要支付费用。

转移的特点是让第三方承担风险的全部或部分影响，如保险、履约保函、担保书、保证书等。此外，把工作外包给供应商，让供应商承担风险也是一种转移的方式。

第四，上报（Escalate）：如果风险的影响范围超出项目或应对措施超出权限，就上报给更高层。

具体来说，如果风险的影响范围超出了项目，或者应对措施超出了项目经理的权限，项目经理就应该上报给项目集、项目组合或组织高层，从更高的层级去管控风险。

第五，接受（Accept）：承认威胁的存在，但不主动采取上述几种措施，具体又可分为两种。

- 主动接受：预留一定的资金、资源和进度，即应急储备，以便在风险发生的时候用。
- 被动接受：不采取行动，待风险发生时再处理。

即使采用接受策略，也要持续关注风险状态并定期进行复查，从而确保没有显著变化。

（2）机会的五种应对策略

第一，开拓（Exploit）：与规避相对应，思维方式是消除不确定性，确保机会肯定出现，如把最有能力的资源分派给项目来缩短工期、采用新技术来压缩成本和工期。

第二，提高（Enhance）：与减轻相对应，思维方式是提高机会的概率或影响，如为早日完成活动而增加资源。

第三，分享（Share）：与转移相对应，思维方式是与第三方共享机会带来的利益，如组建联合团队、联营公司去争取市场。

第四，上报（Escalate）：上报给更高层级以把握住机会。

第五，接受（Accept）：当机会发生时乐以利用，但不主动采取上述措施。此处同样包括主动和被动两种。

（3）其他相关概念

应急应对策略：在某个预定条件出现时执行的应对计划。这个事先定义好的预定条件称为"触发事件"。现实中很多单位编制的"突发事件应急预案"就是一种应急应对策略，以便在特定的触发事件（如事故、灾害等）发生时加以执行。此外，项目未到达某个里程碑、产品获得卖方更高程度的重视等，都可以定义为触发事件，编制相应的应急策略。

弹回计划：当风险发生且主要应对措施效果不佳时使用的应对计划，可被视为应急计划的一种，其触发信号为"原有措施效果不佳"。

次生风险："次生"相对于"原发"而言。次生风险是实施原发风险的应对措施所引发的另一个风险。比如，有人发生了心脏骤停的风险事件，我们选择了"实施心肺复苏"作为应对措施，而这个应对措施的实施又产生了一个新的风险——患者的肋骨可能会在操作过程中骨折，这个新的风险就是次生风险。次生风险也是可以识别和应对的。我们之所以承担次生风险发生的可能性，是因为它比原发风险的损害要小。

2. 经典例题

例题 9.19 可以使用什么策略来应对消极风险或威胁，以及积极风险或机会？（选 2 个）

A. 转移　　　　　B. 接受　　　　　C. 分享

D. 上报　　　　　E. 减轻

【思路解析】在威胁和机会的五对应对策略中，上报和接受同时可以用于处理这两种情况。

【参考答案】BD

例题 9.20 项目经理识别到一个风险，该风险对项目经理的项目几乎没有影响，但对公司的其他战略项目会有重大影响。项目经理应该采取什么风险应对策略？

A. 回避　　　B. 减轻　　　C. 上报　　　D. 共享

【思路解析】如果风险的影响范围超出项目，就要上报给能够处理这个风险的人，如发起人、公司高层、项目集或项目组合的负责人。

【参考答案】C

例题 9.21 对公司至关重要的项目中，公司委派经验丰富且经过认证的项目经理替代没有经验的项目经理。采取这个措施的目的是为了确保不会因为项目经理缺乏经验而给项目的成功带来不利影响。这是采取哪一类风险战略？

A. 风险减轻　　　　　　　B. 风险接受

C. 风险回避　　　　　　　D. 风险转移

【思路解析】关键词是"确保不会"。公司在使用了经验丰富的项目经理后，完全消除掉了"项目经理经验不足"这个风险的可能性，所以这属于风险规避行为。规避的特点是换用了其他手段，如果让有经验的项目经理去帮助没有经验的项目经理，可以认为是减轻措施。

题目中的"风险战略"是"风险策略"的不同翻译，"回避"是"规避"的不同翻译。

【参考答案】C

例题 9.22 项目的一个重要部件需要按时供货，否则将产生显著的额外成本。为降低这个风险，项目经理购买了保险。他采用的是哪一种消极风险应对策略？

A. 规避   B. 转移   C. 减轻   D. 接受

【思路解析】购买保险是最为典型的转移行为。

【参考答案】B

例题 9.23 在一个多功能项目的规划阶段，项目经理发现没有足够的资源来生产软件包。项目经理通过与第三方公司签署服务水平协议（SLA）来外包此软件包的生产。项目经理使用的是哪一项风险应对策略？

A. 减轻   B. 转移   C. 接受   D. 规避

【思路解析】将工作外包给供应商，属于风险转移策略；在这种情况下，工作未执行好的风险由供应商承担。

【参考答案】B

例题 9.24 一个项目按时执行，但客户现在要求比进度计划提前三个星期交付而不要缩小范围。这对组织将有长期效益。项目经理应使用以下哪一项风险应对策略？

A. 减轻   B. 接受   C. 转移   D. 开拓

【思路解析】判断风险应对策略时，首先要分析遇到的是威胁还是机会。从题目描述的"对组织有长期效益"可以看出，这是机会的视角，因此直接排除选项 A 和选项 C。

再从机会的应对策略中进行选择，不难判断"提前三周完成以抓住机会"的做法是开拓策略。

【参考答案】D

例题 9.25 一个复杂项目的项目经理目前正在从事风险对应规划活动。作为风险管理方面的专家，项目经理考虑选择风险转移方案。风险转移的主要影响是什么？

A. 项目经理不再负责项目成果

B. 涉及为承担风险的一方支付额外费用

C. 涉及向承担风险的一方转移项目管理责任

D. 项目经理不能执行风险转移

【思路解析】风险转移并不意味着成果的负责人和项目管理责任发生转移，其主要影响是要付出额外的费用，比如保险的保费、外包费用。

【参考答案】B

例题 9.26 客户要求项目经理在一个星期内让系统上线。系统仍然有些小缺陷，但是项目经理希望满足客户的愿望，让系统按时上线。项目经理应该选择以下哪个风险应对策略？

A. 减轻　　　B. 接受　　　C. 转让　　　D. 规避

【思路解析】系统有缺陷但仍然要上线，项目经理应该做的工作有如下两方面：其一，增加测试以尽可能地减少缺陷；其二，为可能出现的缺陷准备备份措施。这两类工作都属于减轻的策略。

如果项目经理不做任何工作，属于接受策略。如果项目经理不愿意承担缺陷的风险而干脆取消上线的计划，则属于规避策略。

【参考答案】A

例题 9.27 最终确定进度计划时，项目经理注意到关键路径上的多项任务被安排在关键资源可能休假的夏季期间。项目经理决定将这些任务重新分配给位于另一个国家的一支团队，在该国夏季一般不会休假。项目经理使用的是哪一项风险应对策略？

A. 回避　　B. 接受　　C. 转移　　D. 减轻

【思路解析】风险是"关键资源在夏季可能休假"，应对策略是将这些任务重新分配给一个"一般不会休假"的团队。"一般不会休假"是否意味着可能性完全降到零？这其实不重要，关键在于这种应对方式变更了计划，完全规避开了原有的"关键资源休假"这个风险，因此这是一种规避的策略。

【参考答案】A

例题 9.28 在风险管理会议期间，一名团队成员识别到一个关键供应商将可能停业。失去这个供应商将无法交付最终产品。团队审查并更新必要的关键组件规格，用于评估替代供应商是否符合资格。这使用的是什么风险应对策略？

A. 回避　　B. 转移　　C. 减轻　　D. 接受

【思路解析】"关键供应商可能停业"是一个风险，为此团队开始评估替代供应商，**这种备份性质的策略一般都属于减轻**。用替代供应商并不能降低"关键供应商可能停业"这个风险发生的概率，但在停业风险现实发生之后，替代供应商可以补上，这就降低了风险的影响。

【参考答案】C

例题 9.29 因为所在国家的政治局势发生变化，项目经理的公司决定停止在此国发布新产品，并将产品等转卖给竞争对手。请问这是采取什么风险应对手段？

A. 减轻　　　　　　　　B. 规避

C. 转移　　　　　　　　D. 接受

【思路解析】政治局势的变化对于新产品发布构成了威胁，既然如此，索性就不发布了。这是一个典型的规避策略，特点是不去做有风险的事情。

【参考答案】B

例题 9.30 在升级新电信系统当中，项目团队发现新软件补丁可能在特定环境下的有效运行期间造成不稳定性。接收到这个消息后，项目经理准备了额外测试。这是执行什么类型的风险应对策略？

A. 接受   B. 减轻   C. 回避   D. 转移

【思路解析】进行额外测试的目的是降低不稳定性发生的概率，属于减轻策略。

【参考答案】B

例题 9.31 你的公司已被选中为一个庆典活动提供设备，但公司只能在截止日期前提供 50% 的设备。项目经理找到可以提供剩余设备的另一个供应商。项目经理应使用什么风险应对策略？

A. 减轻   B. 分享   C. 回避   D. 转移

【思路解析】注意本题不是寻找备份，而是在供货能力不足的情况下联合其他组织以把握市场机会，因此属于分享策略。

【参考答案】B

例题 9.32 项目团队安装一个新的操作系统。实施之前，该团队在一个较小独立的网络中测试该系统，并发现一些问题。发现这些问题的解决方案之后，团队仍然碰到实施问题。然后，问题数量和严重程度大大降低。项目团队使用的是下列哪一项？

A. 转移风险   B. 减轻风险
C. 接受风险   D. 避免风险

【思路解析】进行小规模独立测试的结果是问题出现的数量和严重程度都大大降低，也就是概率和影响都被显著压低了。这属于减轻策略。

【参考答案】B

例题 9.33 在与相关方的访谈后，项目经理了解到一个可能影响到项目的不利因素，他要求团队计算应对这个事件的储备。项目经理使用的是哪一种风险策略？

A. 转移　　　B. 回避　　　C. 减轻　　　D. 接受

【思路解析】项目经理要求团队做的是建立应急储备，这属于接受策略中的主动接受，即在知道风险存在的情况下，不采取规避、减轻、转移、上报这四种措施，而是做一些资金上的储备，在风险发生的时候用。

如果连应急储备也不预留，则属于被动接受。

【参考答案】D

例题 9.34 项目经理在一家生产制造企业工作，在规划风险应对时，他发现可能存在的风险：未来的新订单超出了企业的生产能力。项目经理该怎么办？

A. 把它归类为威胁并通过权变措施解决

B. 把它归类为优势并创建一个备用计划

C. 把它归类为劣势并转移到另一家公司

D. 把它归类为机会并开拓这个机会

【思路解析】新订单对企业来说是收益，因此应该归类为机会。面对机会，项目经理应该努力把握住，如增加产能以确保实现订单，这就是开拓的策略。

【参考答案】D

例题 9.35 给项目分配最有能力的人力资源以确保抓住某个机会，属于下列哪一种策略？

A. 风险接受　　　　　　B. 风险提高

C. 风险开拓　　　　　　D. 风险分享

【思路解析】"确保抓住"是典型的开拓策略。

【参考答案】C

例题 9.36 项目团队发现，项目章程中规定的一个重要事项面临很多风险。项目经理应该采取哪种措施进行应对？

A. 回避　　　B. 减轻　　　C. 上报　　　D. 共享

【思路解析】项目章程中规定的事项肯定是项目的关键要素，比如重要里程碑、预算等。如果这种事项面临很多风险，意味着项目的根基都可能会发生动摇，而且应对措施可能会超出项目经理的权限，所以项目经理应该选择上报。上报的对象应该包括发起人，还可能包括项目所在的项目集、项目组合的负责人。

【参考答案】C

例题 9.37　一个已识别的风险发生了，从而触发了一个次生的已识别风险。项目经理首先应该怎么做？

A. 审查风险登记册　　　　　B. 进行风险审计

C. 提交变更请求　　　　　　D. 继续商定的风险减轻措施

【思路解析】次生风险是实施原发风险的应对措施所引发的另一个风险。题目中的次生风险在事先也已被识别到了，那么针对它的应对措施应该已经被制定好并记录在风险登记册中了。因此，当这个次生风险发生时，我们可以直接查看风险登记册，从中找到应对措施并加以实施。

注意，"审查"是从"Review"翻译来的，似乎翻译为"参考""查看"更为合适，在题目中遇到要注意。

【参考答案】A

第 10 章 采购领域

10.1 工作说明书与工作大纲 ★

1. 应用解析

工作说明书（Statement of Works，简称 SOW）是对采购所需成果的叙述性说明，也称为采购工作说明书。

工作说明书会充分详细地描述拟采购的产品，内容包括规格、数量、质量水平、绩效数据、履约时间、工作地点和其他要求。目的是向卖方清晰地说明采购的目标、需求及成果，以便卖方确定是否有能力提供此类成果，并做出量化的应答报价。

对于服务采购，人们可能会使用**工作大纲**（Terms of Reference，简称 TOR，有时也翻译为"职责范围"）来承担类似的功能，内容通常包括项目背景、目标、工作范围、可交付成果、标准、合作机制等。工作大纲相对工作说明书多了一些背景、目标性质的描述，因为服务的采购仅使用规格、性能参数进行定义往往是不够的，让卖方了解项目的背景信息有助于交付符合要求的成果。

对于买方，工作说明书可以作为招标文件的一部分，用于说明采购的具体内容。在采购过程中，买方应该根据需要对工作说明书进行不断修订，直到它成为双方协议的一部分。对于卖方来说，协议（包括工作说明书）是其制定项目章程乃至项目管理计划的重要依据。

工作说明书与采购管理计划的关系一定要辨析清楚。采购管理计划是关于如何进行采购的程序性计划，其中不包括拟采购产品或服务的详细属性。每个项目只需要制订一个整体的采购管理计划，而具体的采购要求体现在每次使用的采购工作说明书里。

2. 经典例题

例题 10.1 项目的混凝土准时到达，但项目经理发现混凝土的成分不正确。项目经理应审查哪一份文件来确定混凝土的性能和质量要求？

A. 质量管理计划　　　　B. 采购管理计划

C. 建议邀请书　　　　　D. 采购工作说明书

【思路解析】从题意不难看出，混凝土是采购物品而不是可交付成果，因此不能去查看质量管理计划。质量管理计划规定的是可交付成果的质量，而不是采购物品的质量。采购物品的规格、性能、交付方法等具体要求在采购工作说明书中规定。

【参考答案】D

例题 10.2 基于服务需求的采购，将供应商提供的服务看作是一种拟采购对象，这时候所使用的文件名称常称作：

A. 履约文件　　　　　　B. 工作大纲（TOR）

C. 工作包　　　　　　　D. 工作说明书（SOW）

【思路解析】实物采购一般使用工作说明书，服务采购一般使用工作大纲。

【参考答案】B

例题 10.3 以下哪个文件中会包含关于合同所需产品或服务的详细属性？

A. 采购工作说明书（SOW）

B. 项目章程

C. 工作分解结构（WBS）

D. 采购管理计划

【思路解析】采购工作说明书中会记录拟采购的产品或服务的详细属性。

选项 B 的项目章程中一般不涉及采购信息，除非这个采购对项目非常关键，即使如此，章程中也不会包括拟采购产品或服务的详细属性。选项 C 的工作分解结构中可能会包括与采购有关的工作包，但不记录拟采购产品或服务的详细属性。选项 D 的采购管理计划是关于如何进行采购的程序性计划，不包括拟采购产品或服务的详细属性。

【参考答案】A

例题 10.4

项目经理想要采购一些定制产品，并且可以从多个供应商处获得相同等级和质量的定制产品。若要确保他们的报价具有可比性，采购包中应包含哪些内容？

A. 定制产品的成本估算

B. 详细说明所需产品必须具备的属性和测量指标的工作说明书（SOW）

C. 经批准的项目范围说明书、工作分解结构（WBS）和 WBS 词典

D. 风险管理计划以及风险管理审查报告

【思路解析】要想让多个供应商的产品报价互相可比，其功能、性能要基本相同，工作说明书正是用来说明这些内容的。

注意，范围说明书用于在项目团队和需求方之间定义范围，而并不直接用于项目团队和供应商之间的采购关系。

【参考答案】B

例题 10.5

项目经理从项目团队和供应商处收到一连串电子邮件，争论最近收到的一个可交付成果。项目团队认为该可交付成果未能满足特定需求，但供应商却坚持他们不知道这个需求。项目经理首先应该查阅哪份文件？

A. 需求管理计划　　　　　　B. 工作分解结构（WBS）

C. 沟通管理计划　　　　D. 工作说明书（SOW）

【思路解析】工作说明书描述了拟采购的产品、服务和成果的信息，因此，项目经理应该查阅工作说明书来确认其中是否包含了这个有争议的需求。

本题容易误选需求管理计划。注意，项目的需求管理计划是面向需求方的，不包含采购信息；同时，需求管理计划是程序性计划，也不包含具体需求。

【参考答案】D

例题 10.6 以下关于采购工作说明书的说法都是正确的，除了：

A. 详细描述拟采购的对象，以便潜在卖方确定他们是否有能力提供

B. 详细描述拟采购的对象，以便为潜在卖方提供一个统一的报价基础

C. 为了保证采购工作的严肃性，采购工作说明书一旦发出，就不能更改

D. 每次进行采购，都需要编制采购工作说明书

【思路解析】任何采购都需要编制采购工作说明书以详细定义拟采购的产品或服务，便于潜在卖方评估自己是否有能力供货，并且提供准确的报价。各潜在卖方都要根据同样的工作说明书来报价，这样报价之间才具有可比性。

采购工作说明书发出后，在签订合同前，买方可以对其进行修改、补充和完善。这也是一个渐进明细的过程。

【参考答案】C

例题 10.7 项目经理认识到可交付成果必须经过一名网络设计专家审查，但该专家目前不在公司。项目经理需要另一名供应商来协助完成这项任务。那么，建议邀请书中应包含下列哪一项？

A. 风险分解结构　　　　B. 项目工作说明书

C. 组织分解结构　　　　D. 工作分解结构

【思路解析】建议邀请书属于招标文件的一种，主要说明的是本次招标的程序性内容。为了说明拟采购的产品和服务，建议邀请书中应包含项目工作说明书，以便于买方做出合理应答。

【参考答案】B

10.2　合同类型★★

1. 应用解析

合同类型（Contract Types）主要指合同价格的确定方式，在《指南》中作为组织过程资产出现。组织使用的各种合同协议类型会影响规划采购管理过程中的决策。

《指南》中列出了三大类合同类型，下面逐一进行解析。

（1）总价合同（Fixed Price Contracts）：为需求定义明确，不出现重大范围变更的采购设定一个总价。

在工作尚未开始时就可以设定总价，这一定要求工作的范围和实现方法都是比较清晰的。总价合同又分为三种具体形式：

第一种，固定总价合同（Firm Fixed Price，简称 FFP）。

总价定好后，除非出现范围变更，否则价格不变，在国内被形象地称为"包死合同"。固定总价合同很受买方欢迎，因为买方基本不存在价格风险。

固定总价合同对工作范围的清晰程度要求最高，同时还要求卖方具备充分的行业经验，如果卖方因为不熟悉工作的实现方法而出现计划外的成本增加，也只能自己负责。

第二种，总价加激励费用合同（Fixed Price Incentive Fee，简称 FPIF）。

设定价格上限和目标成本，最终合同价格据卖方的绩效（成本、进度或技术绩效情况）而确定。有关此类合同的内容考查较少。

第三种，总价加经济价格调整合同（Fixed Price with Economic Price Adjustment，简称 FP-EPA）。

双方事先约定方式，允许在合同执行过程中根据条件变化对实际结算价格进行调整。

总价加经济价格调整合同是为了应对环境的不确定性而诞生的。如果合同周期较长，同时外部环境又存在不确定性（如通胀、汇率、供需关系等），产品的市场价格就可能出现较大波动。在这种情况下，要求双方始终按照一个固定的价格交易，对双方来说都是有风险的，因此双方可以约定"随行就市"，在合同执行过程中对价格进行调整。

跨国间的大宗商品交易（比如石油采购）经常使用这种合同。如果从风险角度看，其本质是双方都选择了"风险规避"的策略，消除了合同价格背离市场价格的风险。

（2）成本补偿型合同（Cost-Reimbursable Contracts）：对范围无法准确定义、会发生重大变更的采购，买方支付发生的全部合法实际成本，外加卖方利润。

如果范围不明确或者会产生显著变化，双方就无法在早期为合同估算出总价，这时可以采用成本补偿型合同。买方支付卖方所有的合理成本，并额外支付一笔酬金作为卖方的利润。根据酬金的不同支付方法，成本补偿型合同又分为三种具体形式：

第一种，成本加固定费用合同（Cost Plus Fixed Fee，简称 CPFF）。

买方支付所有成本，外加卖方的固定利润。卖方的利润一般以项目初始估算成本的某一比例计算，即使后续实际成本不同于初始估算成本，利润金额也不变化（这避免了卖方为多获得酬金而主动增加成本）。

第二种，成本加激励费用合同（Cost Plus Incentive Fee，简称 CPIF）。

买方支付所有成本，并按约定的绩效目标向卖方支付激励费用。

第三种，成本加奖励费用合同（Cost Plus Award Fee，简称 CPAF）。

买方支付所有成本，并按照主观判断向卖方支付一定的奖励费用。

激励和奖励的区别在于：激励是事先约定好、按照客观的关键绩效指标（KPI）计算的，其计算方法往往要写入合同；而奖励是由买方主观判定的。不难理解，卖方一般更愿意接受激励合同。

（3）工料合同（Time and Material Contracts，简称 T&M）：约定产品和服务的单价，根据实际使用的数量来结算总价，又称时间和手段合同。

如果买方无法快速编制出准确的工作说明书，但使用的人工和物料类型是基本清楚的，就可以采用这种合同。由双方事先约定单价费率，最终按照实际采购数量进行结算。比如，律师费经常按照工作小时 × 每小时费率计算，这就属于工料合同。

注意这里的单价费率并不是乙方的成本而是乙方的报价，其中已经包含了乙方的合理利润，甲方不需要再额外向乙方支付酬金。

工料合同适合于需要迅速扩充人员、聘用专家或寻求外部支持（如抢险）的项目。在工作方向和资源类型基本清晰而具体的工作内容和时间还不能完全确定的情况下，签订工料合同可以更快建立合作，也有利于发挥卖方的专有技能。

补充：不确定交付和数量合同（Indefinite-Delivery，Indefinite-Quantity，简称 IDIQ）

这是第七版《指南》列出的合同类型，特点是合同的交付物和数量都不确定。

这种合同相当于一个具有两个阶段的采购框架，适合于采购的方向已经确定，但具体需要采购的内容还不完全清晰的情况。在第一阶段，采购方先通过招标或者谈判选定供应商，签订 IDIQ 合同。在第二阶段，采购方再根据实际需求发布具体的采购内容，从圈定的供应商中择优形成最终合同。当前很多企业在采购弹性比较大时使用"年度框架"的形式先选定供应商，就是 IDIQ 合同的思维方式。

（4）合同选择总结

合同的背后是买卖双方的风险利益分担和工作行为关系，PMI 非常强调权责和风险的平衡，所以选择合同类型要平等合理、两相情愿。当然，对于不同的合同类型，双方的关注点也有所不同。

第一，总价合同。

- 买方的成本风险很低，主要需要关注质量，避免卖方为求利润而偷工减料；卖方的财务风险较高，主要需要关注节约成本。
- 固定总价合同的选择关键词："明确的范围"。
- 总价加激励费用合同的选择关键词："最高价格""目标成本""目标利润"。
- 总价加经济价格调整合同的选择关键词："长期""汇率""通胀""不确定性"。

第二，成本补偿型合同。

- 买方的财务风险高，主要需要关注成本，应该加强成本审计；卖方基本没有成本风险，但要注意支出应合规合理。
- 选择关键词："范围无法准确定义""审核每笔支出"。

第三，工料合同。

选择关键词："无法快速编制出准确的工作说明书""紧急""聘请专家"。

第四，成本补偿型合同和工料合同的辨析。

总价合同要求范围清晰，所以不容易误选。而成本补偿型合同和工料合同经常容易混淆，因为二者对应的范围都不完全清晰。

这时把握一个关键点：使用工料合同的前提是已经清楚需要用哪些工和料，仅在用量上无法判断，这样才有可能约定单价；如果范围模糊到连所需要的资源类型都还不清楚，也就没有办法约定单价，只能选用成本补偿型合同。

2. 经典例题

例题 10.8　下列哪种合同类型要求具有最完整且定义最精准的工作范围，并要求做好最周到的准备？

A. 固定费用加补偿合同　　B. 单价合同

C. 固定总价合同　　　　　D. 工料合同

【思路解析】总价合同（尤其是其中的固定总价合同）要求具有最完整、最精准的工作范围，同时要求卖方具有丰富的行业经验，做好最周到的准备。

【参考答案】C

例题 10.9 项目开始时，项目发起人通知项目经理必须优先考虑成本控制。在规划期间，项目经理确定由外部供应商制造的部件需求明确，不太可能发生变化。项目经理应该对该供应商使用什么合同类型？

A. 总价加激励费用合同（FPIF）

B. 成本加激励费用合同（CPIF）

C. 工料合同（T&M）

D. 固定总价合同（FFP）

【思路解析】对于买方来说，"优先考虑成本控制"意味着总价合同最为适宜；同时"需求明确，不太可能发生变化"意味着范围稳定，具备签署总价合同的条件。因此，项目经理应优先选择总价合同中的固定总价合同，这是最有利于买方控制成本的合同类型。

【参考答案】D

例题 10.10 企业要进行一个为期 15 年的计划，项目经理应该建议使用什么合同？

A. 固定总价合同　　　　B. 固定总价加激励合同

C. 工料合同　　　　　　D. 总价加经济调整合同

【思路解析】15 年是很长的一段时间，这指示我们选择总价加经济价格调整合同。

【参考答案】D

例题 10.11 供应商承包完成某处某项可交付成果，规定买方将会支付卖方的成本且卖方每提前一天完成，买方还支付 1% 的费用。买方与供应商签订的合同属于什么类型？

A. 总价加激励费用合同

B. 成本加激励费用合同

231

C. 成本加奖励合同

D. 成本加按成本百分比计算奖励合同

【思路解析】从"买方将会支付卖方的成本"可以判断出，买方与供应商签订的合同在大类型上属于成本补偿型合同。而"卖方每提前一天完成，买方还支付 1% 的费用"，这是一个客观的 KPI 约定，属于激励措施。所以，我们应选择成本加激励费用合同。

【参考答案】B

例题 10.12 在获得项目资源过程中，当无法快速定义一个精确的工作说明书时，下列哪一种合同类型更适用？

A. 成本加奖励合同　　　　B. 固定总价合同

C. 成本加激励费用　　　　D. 工料合同

【思路解析】"无法快速定义一个精确的工作说明书"，是《指南》对工料合同最为匹配的说明。工作说明书在上一小节刚刚介绍过，其中要包含拟采购产品的详细描述，如规格、数量、质量水平、履约时间、工作地点和其他要求。

"无法快速定义"意味着不能等待采购描述完全清晰再开展工作，只要应用的资源类型基本清楚，就可以约定单价，签订工料合同，从而快速利用外部资源开展工作。

【参考答案】D

例题 10.13 项目发起人指示项目经理在项目采购管理计划中与供应商达成一揽子 100% 的固定总价合同，然而该项目在 10 年内都将不会完成采购活动，许多供应商都不愿签署标准的固定总价合同。那么应使用哪种类型的合同？

A. 成本加固定费用合同

B. 总价加经济价格调整合同

C. 工料合同

D. 成本加激励费用合同

【思路解析】 发起人要求全部签订固定总价合同，但由于采购周期太长，许多供应商并不愿意接受这个合同类型。出现这种情况是很正常的，长周期内的价格波动难以预测，合同类型的选择也不能一厢情愿，要符合双方的利益，保持基本的平衡。

这时，项目经理应该选择总价加经济价格调整合同。对双方来讲，这规避了合同价格背离市场价格的风险，是一种比较合理的选择。

【参考答案】 B

例题 10.14 在采购规划过程中，主办单位表示，项目经理必须创建一个风险最小的采购计划。以下哪种合同类型表明买方风险最小？

A. 成本加激励费用合同　　B. 总价加激励费用合同
C. 成本加固定费用合同　　D. 工料合同

【思路解析】 买方的风险主要在于价格，要想控制价格风险，应该选择总价合同。

【参考答案】 B

例题 10.15 一个项目需要进行一个到新的国家销售产品的可行性研究。项目经理应使用什么合同类型？

A. 工料合同（T&M）
B. 总价加经济价格调整合同（FP-EPA）
C. 成本加奖励费用合同（CPAF）
D. 成本加激励费用合同（CPIF）

【思路解析】 可行性研究是一种专业服务，需要使用专业资源；研究在一个新的国家进行，意味着具体的工作方法和工作量都很难事先准确判断，但使用的人力资源类型应该是清晰的。这种情况下适合使用工料合同，约定研究人员的单价，最后以实际工作量结算。这就是《指南》表述的"无法快速定义一个精确的工作说明书"的实际情况。

【参考答案】A

例题 10.16 你是项目经理，你的部门经理来找你，要你帮助她投标新的项目。你想保护你的公司免受金融风险，你的范围定义很有限，最好选择哪种合同？

A. 固定总价合同（FFP）

B. 总价加经济价格调整合同（FP-EPA）

C. 工料合同（T&M）

D. 成本加固定费用合同（CPFF）

【思路解析】注意在这道题目的情景下我们是投标方，也就是卖方。"范围定义很有限"的意思是范围不够清晰明确，在这种情况下，要想保护自己的公司免受金融风险（应翻译为"财务风险"），肯定要选择成本类型的合同，这样所有合理支出的成本都会由买方负担，还能获得额外酬金，不存在财务风险。

选项中成本类型的合同只有一个，答案很清晰。

【参考答案】D

例题 10.17 项目经理加入一个项目，该项目具有可能会发生变更的高层级需求。项目经理识别到工作说明书（SOW）包含一个粗略的预算估算。项目经理应该为该项目选择以下哪一项合同？

A. 成本加奖励费用合同（CPAF）

B. 总价加经济价格调整合同（FP-EPA）

C. 工料合同（T&M）

D. 总价加激励费用合同（FPIF）

【思路解析】高层级需求是比较概要、比较核心而并不具体的需求，在制定项目章程的过程中，相关方应该就高层级需求达成共识。项目的具体需求是围绕高层级需求来收集和确定的，因此，高层级需求如果发生变化，具体需求肯定会发生相应变化。

由此可见，本项目的范围不稳定，很可能会出现范围变更。在此情况下，项目经理不能选择总价合同，而应该选成本类型的合同，选项中此类合同只有一个。

【参考答案】A

例题 10.18 项目经理打算将一部分工作分包出去，但是对项目范围以及成本不是很确定，应该选择签订什么合同？

A. 固定总价合同　　　　　　B. 成本合同

C. 工料合同　　　　　　　　D. 总价加经济价格调整合同

【思路解析】如果连范围都不是很确定，那么当然无法选择总价合同，也无法选择工料合同，只能选择成本类型的合同。

【参考答案】B

例题 10.19 项目经理已获得一份成本加固定百分比酬金合同，提供新的设备产品系列。为什么客户会选择该种类型的合同？

A. 这是对客户最有利的合同类型

B. 这是用于有形产品的合同类型

C. 仍处于开发中的新产品可能会在生产过程中发生变化

D. 产品范围定义明确，不太可能发生变化

【思路解析】选择成本类型的合同的出发点是范围可能发生变化，即选项C的表述。如果范围明确，客户会更倾向于使用总价合同。

需要注意的是，选项A在价值观上就是错误的。PMI强调各方面之间的责任平衡，不能偏重一方，合同类型是双方共同的选择。此外，合同类型与产品是否有形无关。

【参考答案】C

例题 10.20 项目出现了一个紧急情况，你立即需要一名合同管理专家为你提供咨询服务。在这种情况下，你可能使用下列哪种合同？

A. 固定总价合同

B. 总价加激励费用合同

C. 总价加经济价格调整合同

D. 工料合同

【思路解析】由于情况紧急，来不及编写详细的采购工作说明书，可以签订工料合同，约定单价后根据工时来支付费用，适合题目中快速聘请专家的情景。

总价合同往往需要较长时间的准备工作，此时不宜选择。

【参考答案】D

例题 10.21 在项目进行中，因为商品价格上涨，分包商希望增加提交的月度发票数额，但项目经理拒绝了该请求。下面哪个合同类型可以证明项目经理这一行为的合理性？

A. 固定总价合同

B. 总价加经济价格调整合同

C. 工料合同

D. 成本加固定费用

【思路解析】在固定总价的情况，原材料价格上涨带来的成本增加由卖方自行消化，买方不额外负担，符合题目中的情况。

如果是成本类型的合同，合理的支出要实报实销，不能拒绝。

【参考答案】A

例题 10.22 项目经理正在按照工料合同为客户做项目。团队做了挣值分析，确认该项目可以提前完工，而且少于原始的预算。不过项目经理所在的公司与技术分包公司签订的是固定总价合同。这意味着项目经理所在公司的利润将会减少；根据项目的利润，项目经理的奖金也会比预计的少。项目经理应该怎么办？

A. 通知客户，现在加进来一些原先删除的需求

B. 告诉技术分包公司放慢速度让项目可以实现预计的利润

C. 告诉客户项目可以提前完成并节约成本

D. 提高测试标准、增加测试投入，以符合原始的项目预算

【思路解析】合同类型是我们理解这道题的背景。项目经理所在公司与客户签的是工料合同，根据工作量来计算最终费用，因此提前完工会减少项目收入。但技术外包签的是固定总价合同，提前完工也不会降低总价。所以，如果选择提前完工，会降低项目经理所在公司的收入，但不会减少其外包支出。

从价值观的角度看，如果能够提前完工和节约成本，即便影响公司的利润和自己的奖金，也应如实告知客户以维护客户的权益。

【参考答案】C

10.3 自制或外购分析

1. 应用解析

自制或外购分析（Make-or-Buy Analysis）用于确定某项工作或成果最好由项目团队自行完成，还是应该从外部采购，是规划采购管理过程中使用的数据分析工具。

在此分析中，项目团队应考虑的因素包括：组织的资源配置及其能力、成本效益、风险、组织的长远目标和战略方向等，分析得到的结论即"自制或外购决策"。

这一工具的应用提示我们，是否进行外部采购并不是一个简单的判断，也不是单纯某一方面的对比，而是需要综合考虑各方面因素做出的科学理性决策。

2. 经典例题

例题 10.23 项目经理希望考虑内部开发项目还是将工作包给第三方承包商。项目经理接下来应执行下列哪一项？

A. 成本效益分析　　　　　B. 自制或外购分析

C. SWOT 分析　　　　　　D. 卖方投标分析

【思路解析】自制或外购分析就是专门用于此处的数据分析工具，得到"自制或外购决策"。

【参考答案】B

例题 10.24 项目发起人认为项目最好通过外包来完成，但运营经理不同意。项目经理下一步应该做什么？

A. 执行自制或外购分析　　B. 准备成本效益分析

C. 执行风险分析　　　　　D. 与相关方开会

【思路解析】自制或外购分析就是要解决是否外包这个决策问题。

【参考答案】A

例题 10.25 在创建采购管理计划时，项目经理发现组织内部存在的某些资源正在为其他项目效力，项目经理应该怎么做来满足这种需求？

A. 开展自制或外购分析　　B. 创建工作分解结构（WBS）

C. 制定风险登记册　　　　D. 开始人员分配谈判

【思路解析】组织内的某些资源正在服务于其他项目，这限制了我们自己的项目使用这些资源的可能性。因此，为了顺利完成项目，项目经理应开展自制或外购分析，综合考虑是否将部分项目工作外包，这是规划采购管理过程中的工作。

【参考答案】A

10.4　独立成本估算

1. 应用解析

独立成本估算（Independent Cost Estimates）是通过独立途径对待采购的产品或服务做出的成本估算。

采购组织可以自行进行独立成本估算，也可以聘请外部专家参与，其结论将作为评价潜在卖方报价的参考。

如果独立估算的结果与卖方的报价较为接近，就形成了相互印证，是比较好的情况；如果存在明显差异，则可能表明采购工作说明书存在缺陷或模糊，或者潜在卖方对工作说明书的理解出现了偏差。

2. 经典例题

例题 10.26 一个项目经理刚被任命管理一个跨国项目，尝试将一部分意义重大的工作通过采购获得。当收到第一次投标时，投标的标价似乎高得惊人，而且他们之间的价格差异很小。在这种情况下，哪个采购管理工具或方法最适用？

A. 谈判　　　　　　　　B. 加权标准

C. 投标人会议　　　　　D. 独立成本估算

【思路解析】多个供应商的投标价格相近，但却大大超过了买方的心理预期，因此买方应该开展独立成本估算，判断投标价和预期价哪个价格更为合理。

投标人会议需要在投标之前召开，此处投标已经结束了，所以不能选择。

【参考答案】D

例题 10.27 如果潜在卖方的报价明显低于买方的独立估算，则可能表明以下所有，除了：

A. 潜在卖方没有全面响应采购工作说明书

B. 潜在卖方误解了采购工作说明书

C. 采购工作说明书有缺陷

D. 如果该潜在卖方中标，就可以为买方节约大量成本

【思路解析】正常情况下，卖方不会无理由地压低自己的报价。如果报价明显低于独立成本估算，最大的可能是卖方漏掉了工作说明书中的某些内容，或者对工作说明书存在误解。当然，工作说明书本身也可能存在缺陷，比如对产品性能、质量等信息的说明不够详细，导致双方的理解出现偏差。

因此，在弄清楚卖方报价畸低的原因之前，不能简单地认为选择这个低价的卖方就可以节约成本，如果存在上述问题，采购可能根本无法顺利完成。

【参考答案】D

例题 10.28 收到供应商建议书后，项目经理应使用什么来确保最低报价在当前市场范围内？

A. 独立成本估算

B. 建议书评价技术

C. 专家判断

D. 分析技术

【思路解析】独立成本估算得到的结论，可以成为评价卖方报价的参照基准。

【参考答案】A

10.5 投标人会议

1. 应用解析

投标人会议（Bidder Conference）是买方和所有合格的投标人在投标前召开的会议，其目的是确保所有投标人都能对采购建立起清晰一致的理解，也称为承包商会议、供应商会议、投标前会议或标前会议。

投标人会议之所以成为采购管理的常见考查点，就是因为PMI非常强调用这个方式实现信息的公开、透明和平等流动。买方应确保每一个潜在卖方都在投标人会议上得到相同的信息，不让任何人获得信息优待。

2. 经典例题

例题 10.29 项目经理需要外包1200个工时，因为内部政策，需要每个提供商了解需求。为确保这一点，项目经理应该怎么做？

A. 和每一个提供商谈判

B. 和提供商开投标人会议

C. 将需求管理计划发给每一个提供商

D. 将提供商加入相关方登记册

【思路解析】让所有提供商了解需求的最好方式就是投标人会议。

【参考答案】B

例题 10.30 项目经理正在规划一个大型采购活动，希望在提交建议书之前与所有潜在的供应商沟通。项目经理使用什么工具或技术？

A. 投标人会议　　　　　　B. 卖方投标分析

C. 自制或外购分析　　　　D. 采购审计

【思路解析】投标人会议就是在提交建议书（投标）之前，买方和所有潜在卖方之间召开的会议。其目的是充分沟通，让所有卖方在信息上处在同等地位。

【参考答案】A

例题 10.31 一名新项目经理即将第一次参加投标人会议。他向你询问关于投标人会议的注意事项。你可以给他的最好建议是：

A. 限制参会者提问的次数，防止少数人问太多的问题

B. 防止参会者私下向买方提问，因为他们可能不愿意当着竞争对手的面提问

C. 项目经理不需要参加投标人会议，只需采购管理员参加

D. 设法获得每个参会者的机密信息

【思路解析】投标人会议的目的是让所有卖方获得平等的信息，所以选项B是正确答案，要确保公开、透明。

选项A与开会的目的背道而驰。选项C也不正确，通常项目经理应该参加投标人会议，以便提供必要的信息。选项D当然更是错误的。

【参考答案】B

例题 10.32 你已经发出了建议邀请书，潜在供应商有一些疑问。你决定开一次会来澄清工作说明书，以便每个人都能理解。你此时正处在下列哪个过程？

A. 规划采购管理　　　　　B. 实施采购

C. 控制采购　　　　　　　D. 结束采购

【思路解析】规划采购管理过程会得到采购管理计划、招标文件和工作说

明书，此时还未开始进行招标。实施采购过程从买方发出投标邀请书开始，包括与潜在供应商接触、完成投标、评标，直到选定卖方并签署合同这一系列工作。签订合同后的供货保证、合同管理和采购收尾工作属于控制采购过程。

题中所描述的正是召开投标人会议，属于实施采购的过程。

【参考答案】B

例题 10.33 采购部门向项目经理提供了一份能够供应一个项目可交付成果的供应商名单。高级管理层坚持认为所有供应商均有赢得合同的同等机会。然而，重要的是项目成本仍然起决定作用。项目经理下一步应该怎么做？

A. 与所有潜在的供应商召开一次投标人会议

B. 选择之前曾以最低价格交付的供应商

C. 从已证明是可靠的供应商中选择最佳报价

D. 选择将接受成本补偿合同的供应商

【思路解析】高级管理层要求为所有供应商提供同等机会，这个价值观是正确的，为此应该采取公开招标的方式。投标人会议的目的是确保对招标文件的解释和澄清可以让所有供应商都了解，没有人会受到信息优待，让大家站在平等的起跑线上。

要实现控制成本的目的，不应直接内定此前报价低的供应商，而应该在招标的前提下设定有利于达到这一目的的供方选择标准（如成本优先）或合同类型（如总价合同）。

【参考答案】A

第 11 章
敏捷领域

11.1 用户故事与待办列表★★

1. 应用解析

（1）用户故事（User Story）：敏捷需求的基本单元

用户故事是一个非常小的功能单元，从用户的角度对需求进行简要描述，使用的是用户可以理解的业务语言而非技术语言。用户故事应该包含三个要素：

- 角色：谁要使用这个功能。
- 活动：需要实现什么样的功能。
- 价值：这个功能带来什么价值。

比如，为在线学习 App 编写的一个用户故事如下："作为一个学员（角色），我希望做完模拟题之后能看到错题（活动），这样可以节约回顾错题的时间（价值）。"

用户故事的体量应该很小，足以让团队在一次冲刺中完成；大型的用户故事称为"史诗"（Epic），要进行进一步拆分。

用户故事的工作量一般用故事点 / 估点（Story Point）来表示。故事点并不是对工作量进行详细且精确的计算，而是较为粗略的相对估算，仅体现出同一个项目的多个故事工作量的相对大小，一般取用斐波那契数列（1，1，2，3，5，8，13，21……）中的数值来表示，没有单位。

第七版《指南》介绍了两个与用户故事有关的延展概念：

相对估算：不一定基于成本或时间的绝对单位，而是与类似工作进行相对比较。故事点是相对估算中使用的一种常见的无单位测量方法。

亲和分组：根据相似程度将各项内容归入类似的类别或组合。常见的亲和分组方法包括T恤尺码（即分为S、M、L、XL等型号）和斐波纳契数列。

（2）产品待办列表（Product Backlog）：所有尚未开发的用户故事的动态集合

一个敏捷项目会持续提出很多个用户故事，这些用户故事共同列入产品待办列表。产品待办列表可以认为是已经提出但尚未完成的需求的总和。在《指南》中，它也被称为"产品未完项"。

产品待办列表体现了敏捷需求的动态管理思维。一方面，待办列表中的用户故事是按照优先级排序的，商业价值越高则排列越靠上，在开发时越会优先考虑；另一方面，产品待办列表本身的内容和优先级也是动态调整的，产品负责人（Product Owner）对于优先级排序有最终决定权。

（3）冲刺待办列表（Sprint Backlog）：在规划会上确定的本次冲刺工作范围

敏捷团队通过多次冲刺来交付，在每次冲刺前的规划会（Sprint Planning Meeting）上，团队都要和产品负责人一起确定本次冲刺的范围，这取决于哪些用户故事的优先级更高，以及团队在一个冲刺中能完成的工作量。本次冲刺要完成的用户故事确定后，将从产品待办列表中移出，构成冲刺待办列表。在《指南》中，它被称为"迭代未完项"。

不难想到，在冲刺规划会上产品负责人一定要起重要作用，因为他代表客户的利益，对需求和范围相关的实质性内容拥有最终发言权；团队的参与也很重要，而敏捷项目经理则要成为双方的桥梁。

2. 经典例题

例题 11.1 为了开始分解范围并开始执行所需的工作，敏捷团队中的一个开发人员希望了解项目的整体范围。项目经理应该让这名开发人员去看：

A. 需求条目注册表　　　　B. 产品需求清单

C. 产品条目描述　　　　　D. 产品未完项

【思路解析】在敏捷项目中，所有当前提出而尚未开发的需求存储在产品未完项（产品待办列表）之中。

【参考答案】D

例题 11.2 一个新的团队成员想知道哪个是最重要的，但还没有开发的用户故事，他最好的处理方式是：

A. 查看燃尽图

B. 问团队成员

C. 查看产品未完项的最底部

D. 查看产品未完项的最顶部

【思路解析】产品未完项（产品待办列表）包含全部尚未开发的用户故事，多个用户故事按照其重要程度（即商业价值），从上到下降序排列。

【参考答案】D

例题 11.3 产品待办事项列表包含用户故事，这些故事通常基于最高价值进行优先级排序。谁负责在产品待办事项列表中定义和确定用户故事的优先级？

A. 项目经理　　　　　　B. 产品负责人

C. Scrum 主管　　　　　D. 发起人

【思路解析】确定优先级是产品负责人的责任，因为他代表着客户的利益，负责掌控项目的范围。一旦需要处理范围相关的实质性工作，比如确定待办列表的内容、对用户故事进行优先级排序，产品负责人都拥有最终决定权。

【参考答案】B

例题 11.4

在迭代期间，敏捷团队的成员从迭代待办事项列表的顶部提取工作项。工作项描述了接下来要开发的功能。当团队成员阅读描述时，她意识到这些信息不足以开发该功能。团队成员向 Scrum 主管寻求建议。Scrum 主管应该推荐什么做法？

A. 根据可用信息开发功能

B. 执行体系结构刺探

C. 将事项返回到待办事项列表并选择另一个事项

D. 咨询产品负责人

【思路解析】待办列表的中用户故事没有描述清楚，要找产品负责人进行确认。

【参考答案】D

11.2 冲刺 / 迭代与评审会 ★

1. 应用解析

(1) 冲刺（Sprint）/ 迭代（Iteration）

冲刺也称为迭代，是敏捷项目中的一个较短的工作时段，用于开发出一些可用的产品功能。通过多次冲刺来逐渐交付成果，是敏捷项目的重要特征。与预测型项目在收尾前一次性交付相比，这样的多次交付能够更早且持续地为用户提供价值。

在 Scrum 框架下，每个冲刺的时长是相等且固定的，一般为 1~4 周。在每次冲刺前，团队通过冲刺规划会讨论并确定本次冲刺要完成的用户故事，即冲刺待办列表。冲刺开始后，团队要通过自组织的方式，在规定的时间内完成冲刺待办列表，交付出可运行的产品增量。在冲刺中，团队的工作不受干扰，产品负责人不应再改变本次冲刺的范围。

注意，在冲刺过程中，需求分析、设计、编码、测试等不同类型的工作是交织在一起进行的，由团队自主确定工作的分解、分工和完成方式，不需要再划分为多个小阶段。把冲刺再划分为阶段的方式被称为"小瀑布"，是敏捷价值观所反对的。

Scrum 在进度上采用"时间盒（Time-Box）"的方式，即为每次冲刺都设定固定的时长，在其中尽可能实现更高的价值交付。时间盒是硬约束，如果到了冲刺结尾时仍然有应完成的工作没有完成，并不能扩展冲刺的时间来完成它，而应该任凭工作不完成，并将这个未完成的用户故事放回产品待办列表，与其他未开发的故事一起重新进行优先级排序。

（2）冲刺评审会（Sprint Review Meeting）用于验收成果及提供反馈

冲刺结束后，团队要把本次完成的产品增量展示给相关方，并由产品负责人评判是否接受。这个过程在冲刺评审会上进行，也称为"演示"（Showcase），相当于本次冲刺的成果验收。

冲刺评审会同时是增进相关方对项目和成果了解的重要节点。因此，除了开发团队、产品负责人和敏捷项目经理必须参与以外，客户、专家和公司高层等任何有兴趣的相关方也都可以参加，对工作进行直接反馈。

冲刺评审会同时还是讨论和更新产品待办列表的重要节点。在冲刺过程中涌现出的新需求、评审会上相关方对工作提供的反馈，都可以帮助敏捷团队更新产品待办列表。这样，最新的需求变化将被带到下一个冲刺的规划会议上，从而有机会成为即将开始的工作范围。这体现了敏捷对需求的动态管理方式。

2. 经典例题

例题 11.5 敏捷团队正开展为期两周的 Sprint 工作。在 Sprint 期间，团队正在开发功能时应该怎么做？

A. 不断要求产品负责人对正在从事的功能提供反馈

B. 要求产品负责人回答所有项目相关方的问题

C. 一旦完成单元测试和功能测试，安排一次针对产品负责人的演示

D. 在迭代结束时演示产品，从而获得产品负责人的验收

【思路解析】本次冲刺完成的成果，应该统一在冲刺评审会上演示给产品负责人，中途不演示，也无法要求产品负责人给出反馈。

【参考答案】 D

例题 11.6 一个相关方向敏捷项目经理询问，团队何时才能确定下个迭代能交付的用户故事的数量。你觉得最佳的做法是：

A. 在项目开始时就事先做好计划，以便准确地预测所需时间和资源

B. 每个阶段结束时，这样相关方可以更多地参与

C. 每次迭代开始时确定并批准该次迭代的详细范围

D. 在每个阶段开始时考虑，以便控制该阶段相关的产品未完项

【思路解析】 每次迭代的工作范围（冲刺待办列表）在冲刺规划会上讨论并确定。

【参考答案】 C

例题 11.7 敏捷管理非常强调迭代时间应该要短。使用短迭代的主要优势是什么？

A. 短迭代使团队能够更快地完成任务并快速发布软件

B. 短迭代使团队、产品负责人和客户能够定期开会讨论项目进度

C. 短迭代使团队更有效率，避免发生学生症候群

D. 短迭代使团队能够从利益相关方那里获得更早的需求反馈，从而更早地满足利益相关方的需求

【思路解析】 敏捷的迭代一般以 1~4 周为周期，原则上不超过 4 周。这样做主要有如下目的：第一，为用户尽早提供可用的成果和价值；第二，迅速获得用户对实际成果的反馈，从而可以在开发方向上做出调整；第三，给团队提供更多次能够审视工作并优化方法的机会。

"学生症候群"就是现在的流行病"拖延症"，压缩迭代时长对减少拖延也是有帮助的，但这不是敏捷团队选择短迭代时间的关键意义。

【参考答案】 D

例题 11.8 项目团队请团队领导将一个迭代延长一天时间，让他们可以在下一次 Sprint 期间评审会前完成一个功能，团队领导应该怎么做？

A. 保持当前和未来的迭代时间长度

B. 将所有迭代延长一天

C. 将当天迭代延长一天

D. 将当前迭代延长一天，并将下一个迭代缩短一天

【思路解析】迭代一般采用时间盒的模式，即在一个固定的时间内尽全力去达成目标，这个时间不能缩短也不能延长。

【参考答案】A

例题 11.9 作为一名敏捷项目经理，当你发现要求的用户故事无法在迭代周期结束前完成，还需要两天时间时，你该怎么办？

A. 因为只需要两天时间，所以同意延长迭代周期，完成任务比不改变迭代周期长度要重要得多

B. 因为无法按时完成，所以要求团队停止工作，把这个未完成故事列为下一迭代周期中首先要完成的事情

C. 在不改变迭代周期长度的情况下，和产品负责人商量可行的解决方案，并确定是否以及何时能够完成该故事

D. 让团队继续工作，并且尽可能完成工作，把剩余部分带入下一迭代周期

【思路解析】时间盒不能压缩也不能扩展。如果冲刺中的工作没有完成，并不需要加班完成，也不能扩展时间盒，而是将未完成的用户故事放回待办列表中。

这些未完成的用户故事并不会自动获得最高优先级，也未必会进入下一次冲刺的待办列表，其优先级仍然要和其他未开发的故事一起排定。

【参考答案】C

> **例题 11.10**
> 一个敏捷项目已经进入了第七次冲刺阶段。在冲刺结束前两天，客户通知产品负责人，他们忘记在冲刺中包含某个功能。高级经理无意中听到谈话，并表示包含该功能意味着范围蔓延，并不应被允许。产品负责人的最佳行动方案是什么？
>
> A. 与客户合作，在产品待办事项列表中为该功能设优先级
> B. 请求客户提交变更请求
> C. 指导团队在当前的冲刺中开发该功能
> D. 按照高级经理的指示拒绝该功能

【思路解析】首先不难判断出高级经理的意见是错误的，敏捷"拥抱"变更，产品负责人应该积极响应客户的新需求。但当前迭代正在进行中，产品负责人也不应改变已经约定好的迭代工作范围。合理的做法是将新提出的需求纳入产品待办列表，并设为较高的优先级，这样可以在下一次迭代就进行开发。

【参考答案】A

11.3 每日站会★★

1. 应用解析

每日站会（Daily Standup Meeting/Daily Scrum）是 Scrum 框架下重要的会议形式，用于团队内部的信息同步。

站会应该在每天的固定时间（经常是工作开始时）召开，时长一般限制在 15 分钟以内。所有团队成员都要参加，并应简要给出三个信息：

- 上次站会以来，我都完成了什么？
- 从现在到下一次站会，我计划完成什么？
- 我遇到了什么障碍（风险或问题）？

每日站会对促进沟通交流和尽早发现问题非常重要，但它不是向任何人的汇报会，也不用于解决问题，在会上发现的问题由团队成员在会后通过沟

通自行寻找解决方案。

2. 经典例题

例题 11.11 你是一个大型组织的主管，考虑从预测型项目管理方法逐步过渡到敏捷项目管理方法。你聘请了一家外部咨询公司来评估当前的做法，并提出最好的过渡方式。在观察你的组织几个月后，顾问提出了几个选择。你最不可能选择哪个选项？

A. 以两周到四周的迭代周期开发产品

B. 将每日站会纳入团队的日常工作

C. 使用每周会议跟踪项目进展

D. 在每次迭代的末尾进行团队回顾

【思路解析】每周开会的频率对于敏捷项目来说是远远不够的，敏捷项目因为自组织的特性，需要大量、频繁、高"带宽"的沟通。

【参考答案】C

例题 11.12 一个在地理位置上分散的团队正在从事一个 IT 项目，他们发现自己会改写彼此的代码，有时还会处理相同的功能，Scrum 主管正在评估他们如何能够促进团队成员之间更加一致的沟通，从而避免这些问题。Scrum 主管应该怎么做？

A. 举行冲刺评审

B. 召开回顾总结会议

C. 安排每日站会

D. 开发一个任务分配系统

【思路解析】团队现在的工作冲突源自沟通效果不佳，这可以通过每日站会得到解决。每日站会的目的就是对齐信息，帮助团队实现更好的自我组织。对于一个虚拟团队来说，进行每日站会的意义就更大了。

选项 D 的思路还是由项目经理去分配任务，这是预测型的思维模式。

【参考答案】C

例题 11.13 如果团队质疑每日站会的意义，敏捷项目经理应该怎么做？

A. 说明每日站会如何检测障碍的可能性

B. 演示每日站会如何证明管理目标的合理性

C. 说明每日站会如何去除多个燃尽图的需求

D. 展示每日站会如何消除发起人对详细状态报告的需要

【思路解析】每日站会是敏捷团队发现问题的重要机制。在每日站会上，每人给出的第三个信息就是"今天遇到了什么障碍"，这样做的主要目的就是让困扰和阻碍尽早曝光，从而为团队提供解决的机会。

每日站会不是状态报告会，选项 D 的表述是错误的。

【参考答案】A

例题 11.14 某敏捷型项目平常由项目经理组织每日站会并邀请客户参加，当项目经理不在的时候，谁可以主持每日站会？

A. 产品负责人有责任主持会议

B. 团队所有人都可以主持会议

C. 只有 Scrum 主管可以主持会议

D. 首席开发人员可以主持会议

【思路解析】每日站会是信息对齐会，基本原则是公开、平等，体现了团队的自组织原则。所以，项目经理应该鼓励团队成员主持此会议，以免变成单向的状态报告会议，这就是敏捷项目经理职责中"维护敏捷价值观"的体现。

另外，敏捷团队强调平等，不应存在"首席开发人员"这样的角色。

【参考答案】B

例题 11.15 每日站会期间，开发人员提出了一个影响产品质量并需要解决方案的问题，项目经理应该做什么？

A. 扩展冲刺   B. 召开一次回顾会议

C. 与团队确定根本原因   D. 允许开发团队解决该问题

【思路解析】每日站会不是汇报会，也不是问题解决会，所以不需要会上寻找问题的原因和解决方案。项目经理应该"允许开发团队解决该问题"，即让团队寻找解决方案而自己提供支持，不需要"与团队确定根本原因"。

敏捷型环境下，团队是自我组织的，项目经理要相信团队有自己解决问题的能力。

【参考答案】D

例题 11.16 每日站会时间很长，经常超过两个小时。项目团队利用每日站会对项目障碍的解决方案进行扩展讨论。项目经理应该做什么来改善每日站会？

A. 邀请部门经理参加团队成员的讨论，以便以商业方式确定解决方案

B. 要求在每次站会时缩短讨论时间，留出更多的工作时间

C. 加入新的团队成员，他将负责管理障碍和会议来讨论可能的解决方案

D. 指导团队成员，让他们有机会缩短所有的每日站会，并改进他们确定解决方案的方法

【思路解析】每日站会是为了发现问题，而不是解决问题。项目经理应该指导团队成员将每日站会缩短到合理的时间，然后再通过专门的方式解决站会上发现的问题。

【参考答案】D

例题 11.17 在每日站会上，项目经理与团队成员逐个交流，询问每个成员已经完成的工作，并批评他们到目前为止团队进展缓慢。会议持续了近一个小时，最后变成了一个状态会议。项目经理应该做些什么来避免下次的站会变成状态会议？

A. 使用在会议开始 30 分钟后报警的计时器

B. 将开发生命周期从适应型切换到预测型

C. 让团队成员代替项目经理来引导每日站会

D. 只关注阻碍进展的障碍和阻碍的问题

【思路解析】每日站会变成了向项目经理汇报的状态会议，这是一个常见的问题，说明项目经理未能维护敏捷价值观。要想改变这个问题，让团队成员代替项目经理来引导每日站会是个很好的方式。任何团队成员都可以主持站会，项目经理应该鼓励这么做。

【参考答案】C

例题 11.18 一个开发新药的安全性和有效性可视化的项目正在进行中。Scrum 被选为开发方法。在第三次冲刺的中途，项目团队成员发现所提供的数据缺少一个强制性参数。在项目计划期间，获得不完整数据的风险被提前识别并记录在风险登记册中。什么时候是使这个问题浮出水面的最合适的方法？

A. 问题应作为主题在下次冲刺回顾上进行讨论

B. 团队成员应在每日 Scrum 会议上将问题作为障碍提出来

C. 在冲刺审查中应演示具有缺失参数的产品增量

D. 已实现的风险应触发并由规划风险应对过程解决

【思路解析】冲刺过程中遇到的障碍应该在每日站会期间提出，从而让团队获知这种情况，并在会后寻求解决方案。

【参考答案】B

11.4 冲刺回顾会★★

1. 应用解析

冲刺回顾会（Sprint Retrospective Meeting）用于冲刺过程的总结和改进，在冲刺评审会之后进行。冲刺评审会用于评估已经完成的成果，而冲刺回顾会重在评估产出这些成果的方法。

回顾是敏捷非常重要的实践，因为它能让团队学习、改进和调整过程。

在冲刺回顾会上，团队共同探讨哪些工作行之有效、哪些工作效果不好，以及应该采取何种行动来改进过程。这可以帮助团队更好地实现自我组织，从而提高工作效率、改进工作质量。通过不断回顾，预测型环境下的"命令与控制"方式就变成了敏捷思维下的"检查与调整"方式。

冲刺回顾会与平常的项目总结会议不同，它并不是要对项目盖棺论定，而是要通过及时回顾，总结上一次冲刺中的得与失，找到改善与提高的办法，从而让下一次冲刺更好。

冲刺回顾会是总结经验教训的重要时机，也是常见的考查点。PMI对经验教训收集的重视贯穿预测型和敏捷型环境。更多关于经验教训总结的处理方法，请见《情景模拟》"3.12 经验教训收集与总结"。

2. 经典例题

例题 11.19 项目经理安排一次会议，让Scrum项目团队进行反思和调整。与会者在这次会议上最可能做什么？

A. 向客户演示产品增量

B. 为下次冲刺选择用户故事

C. 讨论正在进行的工作和阻碍进展的障碍

D. 寻找对团队过程的任何改进

【思路解析】"反思和调整"说明这是冲刺回顾会，因此要聚焦于过程改进。选项A、选项B和选项C分别是评审会、规划会和每日站会的内容。

【参考答案】D

例题 11.20 一名高管在生产上线期间加入敏捷团队。在上线之后，该高管希望知道Sprint冲刺期间哪些进展顺利，以及哪些进展不顺利。该高管应该参加什么会议？

A. 回顾总结会议　　　　　　B. 每日Scrum会议

C. Sprint评审会议　　　　　D. Sprint计划会议

【思路解析】"进展是否顺利"属于过程回顾的内容，因此应该参加回顾总结会议（冲刺回顾会）。

选项 B 的每日 Scrum 会议 /Daily Scrum 就是每日站会，作用是帮助团队对齐信息。

选项 C 的评审会针对的是冲刺的成果而非过程。

【参考答案】A

例题 11.21 由于几天前出现的问题没有得到解决，冲刺中计划好的任务未能完成。项目经理希望在未来防止这种情况的发生，他应该做什么？

A. 在回顾期间检查问题

B. 在演示中解决这个问题

C. 在下一次迭代规划会议期间讨论这个问题

D. 在接下来的每日站会上，审查该问题

【思路解析】要在未来避免问题重复发生，属于对过程的改进，需要通过回顾会议进行经验教训的总结。

【参考答案】A

例题 11.22 一家公司的组织文化是开放的，积极并重视持续改造，个人员工在会议期间自由表达自己对流程、政策和程序的意见。项目经理希望在项目期间尊重组织的持续改造价值。项目经理应该从哪里收集经验教训？

A. 回顾总结会议

B. 每日站会

C. 相关方参与计划

D. 团队章程

【思路解析】题目给出的多种背景都传递出了一个关键信息——这是敏捷环境。因此，题目相当于在问："在敏捷环境中，项目经理从哪里收集经验教训？"答案是回顾总结会议（冲刺回顾会）。

【参考答案】A

例题 11.23 作为向敏捷转变的一部分，一个组织为一个项目选择一个试点团队来开发一个软件工具。一位敏捷教练被分配到团队中，在整个过渡过程中指导他们。在最初的几次迭代中，教练与项目经理和团队一起指导他们进行敏捷实践，并将任务分配给团队成员。敏捷教练采用什么最佳行动方案来确定团队是否获得了在没有教练的情况下执行即将到来的迭代所需的技能？

A. 参加每日站会　　　　　　B. 进行产品演示

C. 举行迭代回顾　　　　　　D. 开展团队建设活动

【思路解析】通过对过程展开回顾，团队可以共同探讨哪些工作行之有效、哪些工作效果不好，并评价团队的技能在迭代过程中发挥的作用，体现了"检查与调整"的思维。

【参考答案】C

11.5　迭代燃尽图 / 迭代燃起图

1. 应用解析

迭代燃尽图（Iteration Burndown Chart）是按照时间呈现剩余工作的图，用于追踪迭代中尚待完成的工作。

在冲刺过程中，敏捷团队以自我组织的方式灵活调整工作安排，因此，不再需要项目经理进行活动的分解、排序和绘制进度网络图。在进度的控制上，一般使用迭代燃尽图来显示项目团队完成工作的总体速度。

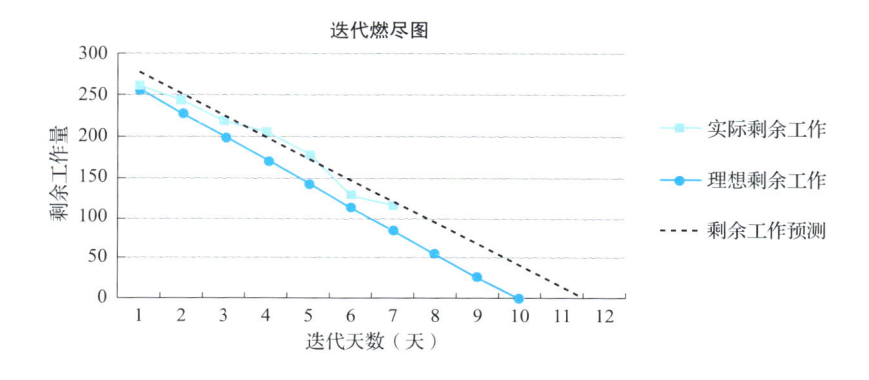

迭代燃尽图

迭代燃尽图的横轴是本次迭代的天数，纵轴是剩余的工作量，以用户故事的估点总和来计算，随着项目的推进，剩余工作将逐渐"燃尽"，这就是其名称的由来。

在迭代燃尽图中，先用斜向右下的线条表示理想的工作情况，再每天画出实际剩余的工作量，然后基于剩余工作量画出趋势线以预测完成情况。迭代燃尽图能够形象地显示出团队的实际工作效率与预期的差别，预测迭代结束时可能出现的偏差，为在迭代期间采取合理的行动提供基础。同时，用迭代燃尽图跟踪进度能够帮助团队了解自己的工作能力和状态，供下次迭代参考。敏捷团队一般要经过 4~8 次迭代，才能达到比较稳定的工作效率。

还有一个类似的工具是"**迭代燃起图**"（Iteration Burnup Chart），侧重展现时间与已完成功能之间的关系，呈现为斜向右上的线条。迭代燃尽图与迭代燃起图统称为"燃烧曲线"，展示的都是任务和时间的关系。

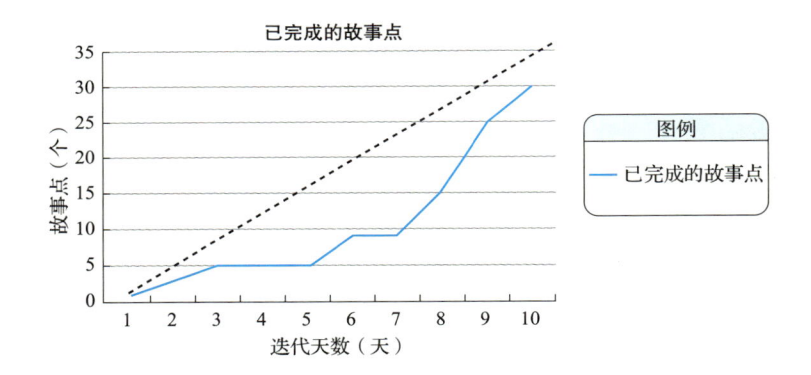

2. 经典例题

例题 11.24 敏捷团队正在监视项目进度计划的状态。他们可能会使用哪些工具？（选 2 个）

A. 迭代燃起图　　　　B. 网络图　　　　　C. 帕累托图

D. 迭代燃尽图　　　　E. 鱼骨图

【思路解析】敏捷项目可以使用迭代燃尽图或迭代燃起图查看项目随时间的进展情况。两种图形除了方向不同，没有本质差别。

【参考答案】AD

例题 11.25 产品负责人如何快速确定当前 Sprint 的团队承诺状态？

A. 查看即将到来的任务和可交付成果的完成百分比

B. 查看即将交付的可交付成果演示

C. 查看迭代燃尽图和迭代燃起图

D. 参加每日站会

【思路解析】敏捷提倡简单、清晰和可视化的工具，迭代燃尽图和迭代燃起图最为合适。

【参考答案】C

11.6 信息发射源 ★

1. 应用解析

信息发射源（Information Radiator）并不是某个特定的工具，而是泛指所有能被公开看到且不需要专业知识就能理解的信息展现形式，也翻译为信息辐射源。

敏捷具有高度的客户合作和团队自组织特性，要求整体信息流动保持高度通畅。因此，敏捷在沟通上非常强调开放、透明，最理想的状态是让每个成员都能清楚地了解项目各方面的情况，同时让相关方可以在基本不干扰团队的情况下就能了解到项目进展。

信息发射源就是在这种背景下产生的概念，它强调的可视化和简单化就是为了降低相关方获取信息的难度，增进其对项目的了解。典型的信息发射源就是挂在公开场合的简明图表，看板面板、迭代燃尽图和迭代燃起图都可以成为信息发射源。对于日渐流行的分布式敏捷团队，通过网络平台分享的简明信息，同样属于信息发射源。

与信息发射源相反，那些必须去研究才能理解的深奥的复杂图表被称为"信息冷冻机"（Information Refrigerator）。它不利于信息流动，是敏捷所不欢迎的。

2. 经典例题

例题 11.26

敏捷项目的第三次迭代正在进行中。相关方对团队到目前为止所取得的进展并不满意。相关方与团队取得联系，并要求团队从现在起告知他们正在进行的工作的状态。服务型领导者应该如何回应？

A. 邀请相关方参加每日站会、迭代审查和回顾

B. 向相关方解释敏捷项目不鼓励进度监督

C. 建议相关方定期审查信息发射源

D. 向相关方提供绩效测量基准

【思路解析】"服务型领导者"即敏捷项目经理的角色。帮助团队和相关方之间获得良好的沟通，正是他的职责所在。满足这个相关方信息需求的最佳选择就是信息发射源。

【参考答案】C

例题 11.27

随着项目的进行，项目经理会收到相关方的抱怨，他们声称项目状态会议和电子邮件报告太少，无法让相关方了解项目的最新状态。项目经理审查沟通管理计划，并提交变更请求以修改报告状态的方式。项目经理最好在变更请求中包含以下哪项？

A. 结合使用信息发射源

B. 终止分发电子邮件报告

C. 在每日站会汇报项目状况

D. 将项目状态发送给更少的相关方

【思路解析】要想让相关方了解项目进展，最好的方式就是信息发射源。注意，每日站会并不是项目状态的报告会。

【参考答案】A

例题 11.28

你正在为一个将使用敏捷方法进行产品开发的项目制订项目管理计划。你希望确保关键的相关方在项目的整个过程中都能了解交付的业务价值。你的最佳行动方案是什么？（选3个）

A. 等到项目结束时，向相关方展示项目可交付成果

B. 邀请相关方参加定期的迭代评审会议

C. 根据项目待办事项列表中每项的商业价值分配故事点

D. 利用信息发射源，如看板和燃烧图

E. 确保沟通管理计划指定专人定期向相关方报告项目状态

【思路解析】选项 A 是预测型项目的沟通方式，敏捷方法则强调更加频繁的沟通；邀请相关方定期参加会议，以及使用信息发射源，都是有效的方法。选项 C 与题意无关。

【参考答案】BDE

例题 11.29 业务负责人要求敏捷项目经理提供一个中心位置，让项目相关方可以查找项目进展的信息。敏捷项目经理应该提供什么建议？

A. 定期循环更新项目报告的详细版本

B. 维护在线团队协作网站，并提供访问途径

C. 与项目相关方定期举行一对一会议

D. 与项目相关方举行每日 Scrum 会议

【思路解析】选项 A 是预测型项目的做法；选项 B 是信息发射源，符合"让项目相关方可以查找项目进展的信息"要求。选项 C 和选项 D 都不是合理的方法。

【参考答案】B

例题 11.30 一位敏捷教练加入了一个团队，这个团队在过去的几个月里一直致力于一个项目。教练注意到团队成员正在努力消除障碍，没有关于时间限制事件的规则，也没有使用信息发射源来显示项目状态。敏捷教练应该采取的最佳行动方案是什么？（选 3 个）

A. 帮助团队处理障碍　　B. 告诉团队处理障碍

C. 提醒时间限制的重要性　　D. 强制团队使用时间盒

E. 强制团队使用信息发射源　　F. 建议团队使用信息发射源

【思路解析】敏捷教练是"服务型领导者"，通过服务团队来提升团队绩效。例如，他会帮助团队发现问题、寻找解决方案，但并不主导问题的解决。

同时，敏捷教练应该提供专业方法和工具方面的帮助，比如提醒团队设定时间限制的价值，建议使用时间盒而非强制，建议使用信息发射源并安排必要的培训等。通过这些方式，敏捷教练帮助团队清除障碍、提升生产力。

【参考答案】ACF

11.7 看板方法和看板面板 ★★

1. 应用解析

（1）看板方法（Kanban）

看板是 Scrum 框架以外另一种比较有影响力的敏捷实践，从精益思维的原则衍生而来。

看板方法强调持续交付，采用"拉式系统"来完成在制品。在看板方法中可以使用迭代，但与大多数敏捷方法不同，看板方法并未规定要使用时间盒进行限制，因而更加具有灵活性。

看板方法强调，完成工作比开始新工作更为重要，从未完成的工作中无法获得任何价值，因此采用"在制品限制"的方式，确保整个系统中的每份工作得以完成。在制品（Work-in-Progress，简称 WIP）即团队正在进行的工作。看板会给团队设定一定的在制品数量限制，直至在制品完成才会将新的需求"拉动"到流程中开始新工作，这能实现更高的质量和更高的效能。

看板方法让开发过程变得更为透明，使缺陷、瓶颈、变异性和经济成本等因素对流动与交付速率的影响变得更为显而易见。

（2）看板面板/看板图（Kanban Board）

看板面板/看板图是源于看板方法的一种工作流程可视化方法。由于方便且直观的特性，看板面板/看板图的使用范围已经超出了看板方法，成为一种被广泛采用的工具。

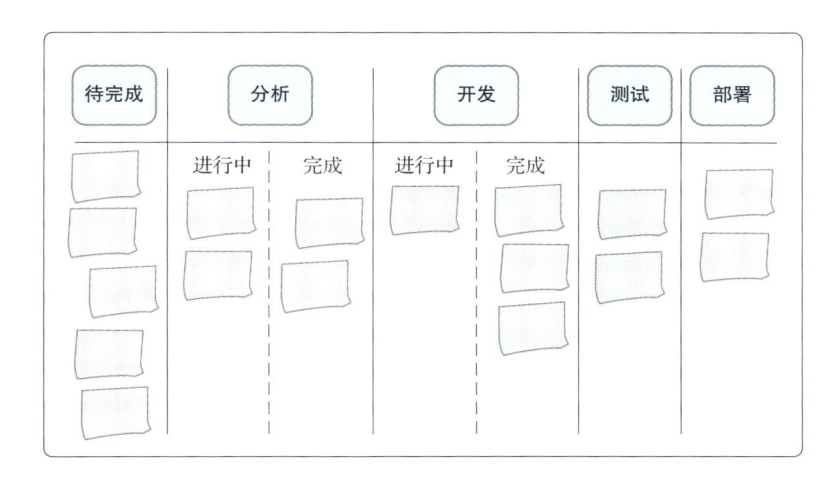

待完成	分析		开发		测试	部署
	进行中	完成	进行中	完成		

看板面板以直观的方式展现了工作流的各个阶段和处在该阶段的任务。最简单的看板面板可以仅包含三列（要完成的工作、进行中的工作和已完成的工作），也可以根据需要增加阶段。

看板面板可以展示在制品限制，提供一目了然的工作流、瓶颈、阻碍和整体状态的相关信息。虽然技术含量很低，但团队成员及感兴趣的相关方只要大致浏览就能了解团队的工作状态，是非常典型的信息发射源。

2. 经典例题

例题 11.31 根据项目的特点，项目经理建议选择一种敏捷方法，该方法限制团队成员在任何给定时间执行的任务数。此方法还允许团队提高工作过程中问题和瓶颈的可见性。项目经理建议采用以下哪种方法？

A. Scrum　　　　　　　B. 看板（Kanban）

C. 水晶（Crystal）　　　D. 改善（Kaizen）

【思路解析】在制品限制和过程的高可见性是看板方法的重要特点。

【参考答案】B

例题 11.32 由设计师、程序员和测试人员组成的项目团队使用看板面板来管理他们的工作流程。在监督项目进度计划时，项目经理审查看板，并注意到由 WIP 限制引起的测试栏瓶颈。结果，一些程序员被闲置，

263

团队的速度变慢，并且进度基准处于危险之中。对项目经理来说，最好的行动方案是什么？

A. 从看板面板删除所有 WIP 限制

B. 询问是否有空闲程序员可以帮忙测试

C. 降低看板面板上的测试 WIP 限额

D. 提交变更请求以更新进度基准

【思路解析】在制品限制的情况下，测试栏出现瓶颈而程序员被闲置，项目经理可以请空闲的程序员加入测试工作，尽早完成测试栏的现有工作，使新工作可以流动过来。

敏捷团队是跨职能的，强调团队成员应是"通才型专家/T 型人才"，即这些团队成员在具备一项擅长的专业化技能的同时，还拥有多种技能的工作经验，这有利于团队的密切协作和自我组织。因此，我们可以认为程序员也掌握一定的测试技能。

【参考答案】B

例题 11.33 在迭代计划过程中，敏捷教练希望确保她的开发团队有一种简单的方法来组织他们的工作，以及将迭代中的剩余工作可视化展示。敏捷教练最好使用以下哪一种工具来实现她的目标？

A. 燃尽图   B. 任务板

C. 燃起图   D. 一览表

【思路解析】"任务板"即看板面板，选项中只有任务板能够同时满足"组织工作"和"剩余工作的可视化展示"这两个条件；燃尽图和燃起图都不能用来组织工作。

【参考答案】B

例题 11.34 产品负责人抱怨迭代的进展是不可见的。项目团队如何解决这个问题？

A. 使用莫斯科（MoSCoW）技术

B. 提供一个可视的看板

C. 提供一个可视的 Kaizen 板

D. 使用五问法

【思路解析】题目中的关键问题是"进展不可见",因此,即使选项中有的概念不熟悉,只要知道看板方式可以将项目的进展状态简单且清晰地展示给相关方,就能够选出正确答案。

MoSCoW 是一种需求的优先级排序法。Kaizen 即"改善",指细小的、渐进的持续改进。五问法是根本原因分析的方法,要求进行至少五次追问以追根溯源,前面已经讲到。

【参考答案】B

例题 11.35 一个没有敏捷方法经验的组织雇用了一个敏捷教练来领导一个项目。该项目将使用看板开发项目可交付成果。下列哪项培训活动对项目的成功至关重要?(选 3 个)

A. 与整个项目团队一起举办关于敏捷思维和原则的敏捷研讨会

B. 指导开发团队如何根据业务价值对项目待办事项排序

C. 向开发团队解释工作将如何通过看板,以及如何遵守在制品限制

D. 确保产品负责人清楚地了解如何培养待定项

E. 对产品负责人进行日常 Scrum 会议的最佳实践培训

F. 指导项目团队如何确保严格的变更控制过程的实施

【思路解析】选项 B 是产品负责人的工作。选项 E 是整个团队的工作。选项 F 与敏捷思想背道而驰。其他三个选项都是合理的。

【参考答案】ACD

例题 11.36 Scrum 团队的成员经常与另一个使用看板的团队产生误解。两个团队应该如何做?

A. 和每一个团队领导进行沟通以确保共同的理解

B. 通过使用电子沟通的方法对决定进行记录

C. 请求部门管理层统一一种敏捷方法

D. 讨论选择不同敏捷方法的原理，建立共同的术语表

【思路解析】看板强调工作流程的可视化和工作负载不超限，但并不像 Scrum 一样基于时间盒。

使用 Scrum 的团队与使用看板的团队发生误解是有可能的，因为双方对于一些概念的定义可能不一样。因此，要想在互相尊重的基础上解决误解，最好的方式就是增进交流并建立共同的术语表。

【参考答案】D

11.8 完成的定义 ★

1. 应用解析

完成的定义（Definition of Done，简称 DoD）是敏捷的质量标准，代表着团队对于某项任务"达到哪些条件就算完成"的共识。不同的任务有不同的完成的定义，一般表现为成果需要满足的几项条件。

在冲刺规划会上，针对即将纳入冲刺待办列表的用户故事，开发团队和产品负责人必须就其 DoD 达成共识。在冲刺评审会上，产品负责人将以 DoD 为标准来决定是否接受本次冲刺的成果。

下面是某个开发团队使用的完成的定义实例：

- 代码不能包含编译错误。
- 代码必须已经通过内部评审。
- 持续集成：增量代码要通过自动的单元测试和回归测试。
- 所有完成的用户故事都提供对应的测试用例。
- 已经完成所有功能性需求和非功能性需求的测试。

完成的定义的作用：

- 明确对完成的预期，增加过程的透明度，确保相关方对完成的含义理解一致。

- 帮助团队合理估算工作量，制订切实可行的计划。
- 聚焦目标，减少不必要的活动，定义完成任务的最小活动集合。
- 在制订计划时判断是否有遗漏的活动，在验收时检查是否有遗漏的活动。

2. 经典例题

例题 11.37 在冲刺计划会议上，Scrum主管重申，如果在冲刺结束时敏捷项目团队正在构建的产品增量没有达到冲刺开始时指定的标准，那么这项工作将不会包含在当前冲刺的速度中。Scrum主管指的是什么？

A. 完工尚需估算　　　　　B. 完成的定义
C. 项目退出标准　　　　　D. 质量测量指标

【思路解析】完成的定义（DoD）是团队需要满足的所有标准的核对单。只有可交付成果满足该核对单，它才能被视为准备就绪可供客户使用。敏捷项目完成后，检查DoD以验证是否满足标准。

【参考答案】B

例题 11.38 监管要求规定将某个项目已实施的功能记录在文件中。若要满足这个要求，团队应该怎么做？

A. 请产品负责人创建关于该文件的故事
B. 等待迭代固化
C. 在开发迭代之后的迭代中收集文件
D. 将此要求添加到已完成的定义中

【思路解析】"把已实施的功能记录在文件中"是对成果的一种要求，因此应该列入完成的定义，也就是说，满足了这个要求的成果才算已经完成。

【参考答案】D

例题 11.39 项目经理正在管理一个由跨职能团队执行的软件重新设计项目。该公司正在进行敏捷转型，项目管理办公室（PMO）发布了更新后的政策和程序，要求当前项目迭代开发整合到项目管理方法中。若要确保每次迭代交付都考虑质量，项目经理应该怎么做？

A. 与相关方和项目团队合作，确保有明确定义的"已完成"定义（DoD）

B. 将测试和验证活动分配给具有功能背景的团队成员

C. 安排该项目最后一次迭代的所有测试活动，以便整个团队可以关注与统一目标

D. 分配专门的软件测试人员，确保在整个项目生命周期中进行测试

【思路解析】敏捷转型、迭代开发这些术语显示了这是一个敏捷环境。若要确保每次迭代交付都考虑质量，当然需要一个质量标准，也就是完成的定义。注意完成的定义并不是团队单方面确定的，需要相关方达成共识。

【参考答案】A

例题 11.40 一个敏捷团队刚刚完成了最终项目可交付成果的开发。团队成员正在向项目经理寻求下一步的建议。项目经理应该建议团队下一步做什么？

A. 确定验收标准

B. 确保用户故事符合准备就绪的定义（DoR）

C. 举行项目回顾

D. 验证可交付成果是否符合完成的定义（DoD）

【思路解析】成果完成，项目团队应该以完成的定义为依据，验证成果是否满足标准。

就绪的定义（Definition of Ready，简称 DoR）是每次迭代前针对需求描述设定的标准，同样也表现为需求要满足的几项条件。需求必须达到 DoR 规定的清晰呈现程度，才能进入开发环节。

【参考答案】D